해법 기초계산 B4

1 4주 완성의 계획적인 수학 학습!

2 시간 내 푸는 연습을 통한 실전 감각 향상!

3 다양한 구성의 문제로 사고력 향상!

계산력이 왜 중요한가?

선생님! 계산력이 왜 중요한가요?

수학 만점으로 가는 길은 계산력에서 시작한단다. 왜 중요한지 수학의 아버지 피타고라스 선생님에게 물어볼까?

계산력은 수학의 뿌리!
계산력 없이 수학은 생각할 수 없지.
수학은 계통성의 학문이라고 해.
역연산으로 인해 덧셈이 뺄셈의 기초가 되고,
곱셈이 확립되어야
나눗셈이 가능해지기 때문이지.
따라서 수학의 근간인 기초 계산력을
완벽하게 다져 주는 것이야말로
수학 만점으로 가는 첫걸음이지.

구성과 특징

개념 만화

만화를 통한 원리 깨치기

만화를 통한 계산 원리와 개념을
이해할 수 있습니다.

1단계

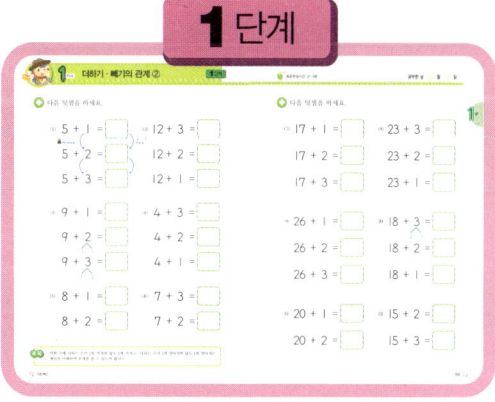

집중 연습으로 계산력 다지기

집중 연습 문제로 기초 계산력을
완벽하게 다질 수 있습니다.

2단계

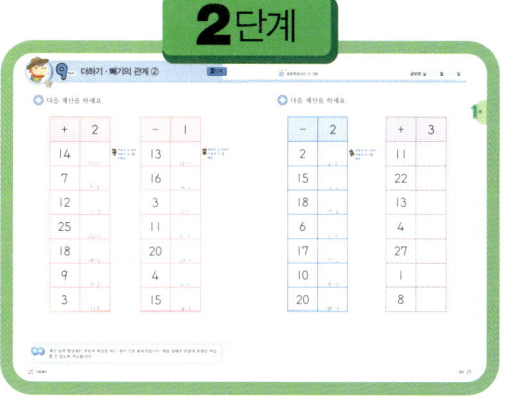

퍼즐형 문제로 정확성 기르기

흥미로운 퍼즐형 문제로 이루어져
집중력과 정확성까지 기를 수 있습니다.

3단계

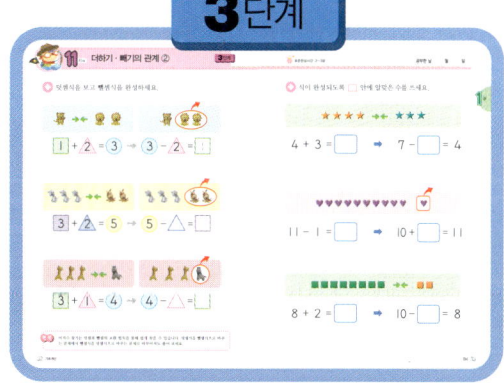

다양한 문제로 사고력 키우기

다양한 문제를 통해 수학적 사고력과
문제 해결력을 높일 수 있습니다.

내용 구성표

권	주	A단계 (5~7세)	B단계 (5~7세)	C단계 (5~7세)
1권	1	일대일 대응, 많다·적다	더하기 3 : (1~7)+3	빼기 5 : (1~20)-5
	2	1~5 수 익히기	더하기 3 : (1~17)+3	빼기 6 : (1~20)-6
	3	1~5 수 익히기	더하기 3 : (1~27)+3	빼기 4, 5, 6의 종합
	4	0, 6~10 수 익히기	더하기 1, 2, 3의 종합	더하기·빼기의 종합 ①
2권	1	0, 6~10 수 익히기	빼기 1 : (1~10)-1	더하기·빼기의 종합 ②
	2	1~10 종합	빼기 1 : (1~20)-1	더하기 7 : (1~9)+7
	3	수 가르기와 수 모으기 (1, 2, 3, 4, 5)	빼기 2 : (1~10)-2	더하기 7 : (1~19)+7
	4	수 가르기와 수 모으기 (6, 7, 8, 9, 10)	빼기 2 : (1~20)-2	더하기 7 : (1~23)+7
3권	1	11~20 수 익히기	빼기 3 : (1~10)-3	더하기 8 : (1~9)+8
	2	11~20 수 익히기	빼기 3 : (1~20)-3	더하기 8 : (1~22)+8
	3	1~20 종합	빼기 1, 2, 3의 종합	더하기 9 : (1~9)+9
	4	21~30 수 익히기	더하기·빼기의 관계 ①	더하기 9 : (1~21)+9
4권	1	31~40 수 익히기	더하기·빼기의 관계 ②	더하기 10 : (1~20)+10
	2	41~50 수 익히기	더하기 4 : (1~6)+4	더하기 7, 8, 9, 10의 종합
	3	1~50 종합	더하기 4 : (1~16)+4	더하기 1~10의 종합
	4	51~70 수 익히기	더하기 4 : (1~26)+4	빼기 7 : (1~20)-7
5권	1	71~100 수 익히기	더하기 5 : (1~9)+5	빼기 8 : (1~20)-8
	2	1~100 종합	더하기 5 : (1~15)+5	빼기 9 : (1~20)-9
	3	더하기 1 : (1~9)+1	더하기 5 : (1~25)+5	빼기 10 : (1~20)-10
	4	더하기 1 : (1~19)+1	더하기 6 : (1~9)+6	빼기 7, 8, 9, 10의 종합
6권	1	더하기 1 : (1~29)+1	더하기 6 : (1~14)+6	빼기 1~10의 종합
	2	더하기 2 : (1~8)+2	더하기 6 : (1~24)+6	더하기·빼기의 종합 ③
	3	더하기 2 : (1~18)+2	더하기 4, 5, 6의 종합	더하기·빼기의 종합 ④
	4	더하기 2 : (1~28)+2	빼기 4 : (1~20)-4	재미있는 더하기·빼기의 규칙

권	주	D단계 (초1)	E단계 (초2)	F단계 (초3)	G단계 (초4)
1권	1	더하기 1, 2, 3	받아올림이 있는 (두 자리 수)+(한 자리 수)	(세 자리 수)+(세 자리 수) ①	100, 1000, 10000, 몇백, 몇천 곱하기
	2	합이 5까지인 덧셈	받아내림이 있는 (두 자리 수)-(한 자리 수)	(세 자리 수)+(세 자리 수) ②	(세 자리 수)×(두 자리 수)
	3	합이 9까지인 덧셈	세 수의 덧셈	(세 자리 수)-(세 자리 수) ①	(네 자리 수)×(두 자리 수)
	4	받아올림이 없는 (한 자리 수)+(한 자리 수)	세 수의 뺄셈	(세 자리 수)-(세 자리 수) ②	(세 자리 수)×(세 자리 수)
2권	1	빼기 1, 2, 3	일의 자리에서 받아올림이 있는 (두 자리 수)+(두 자리 수)	2, 3, 4, 5의 단 곱셈구구를 이용한 나눗셈	(세 자리 수)÷(한 자리 수)
	2	5까지의 뺄셈	십의 자리에서 받아올림이 있는 (두 자리 수)+(두 자리 수)	6, 7, 8, 9의 단 곱셈구구를 이용한 나눗셈	(두·세 자리 수)÷(몇십)
	3	9까지의 뺄셈	일, 십의 자리에서 받아올림이 있는 (두 자리 수)+(두 자리 수)	곱셈구구를 이용한 나눗셈 ①	(두·세 자리 수)÷(두 자리 수)
	4	(한 자리 수)-(한 자리 수)	받아올림이 있는 (두 자리 수)+(두 자리 수)	곱셈구구를 이용한 나눗셈 ②	(세·네 자리 수)÷(두 자리 수)
3권	1	10이 되는 더하기	받아내림이 있는 (두 자리 수)-(두 자리 수) ①	(두 자리 수)×(한 자리 수) ①	덧셈과 뺄셈의 혼합 계산
	2	10에서 빼기	받아내림이 있는 (두 자리 수)-(두 자리 수) ②	(두 자리 수)×(한 자리 수) ②	곱셈과 나눗셈의 혼합 계산
	3	세 수의 계산 ①	세 수의 계산 ①	(두 자리 수)×(한 자리 수) ③	혼합 계산 1
	4	세 수의 계산 ②	세 수의 계산 ②	(두 자리 수)×(한 자리 수) ④	혼합 계산 2
4권	1	받아올림이 없는 (두 자리 수)+(한 자리 수)	2, 3, 4, 5의 단 곱셈구구	(네 자리 수)+(세 자리 수)	분수의 이해 1
	2	받아올림이 없는 (두 자리 수)+(두 자리 수)	6, 7, 8, 9의 단 곱셈구구	(네 자리 수)+(네 자리 수)	분수의 이해 2
	3	받아내림이 없는 (두 자리 수)-(한 자리 수)	곱셈구구 ①	(네 자리 수)-(세 자리 수)	분수의 이해 3
	4	받아내림이 없는 (두 자리 수)-(두 자리 수)	곱셈구구 ②	(네 자리 수)-(네 자리 수)	분수의 덧셈
5권	1	두 수의 합이 10이 되는 세 수의 덧셈	받아올림이 없는 (세 자리 수)+(세 자리 수)	(세 자리 수)×(한 자리 수)	분수의 덧셈
	2	(한 자리 수)+(한 자리 수) ①	일의 자리에서 받아올림이 있는 (세 자리 수)+(세 자리 수)	(한 자리 수)×(두 자리 수)	분수의 뺄셈 1
	3	(한 자리 수)+(한 자리 수) ②	십의 자리에서 받아올림이 있는 (세 자리 수)+(세 자리 수)	(두 자리 수)×(두 자리 수) ①	분수의 뺄셈 2
	4	(한 자리 수)+(한 자리 수)의 종합	일, 십의 자리에서 받아올림이 있는 (세 자리 수)+(세 자리 수)	(두 자리 수)×(두 자리 수) ②	세 분수의 덧셈과 뺄셈
6권	1	(십 몇)-(한 자리 수) ①	받아내림이 없는 (세 자리 수)-(세 자리 수)	(두 자리 수)÷(한 자리 수) ①	소수 한 자리 수의 덧셈
	2	(십 몇)-(한 자리 수) ②	십의 자리에서 받아내림이 있는 (세 자리 수)-(세 자리 수)	(두 자리 수)÷(한 자리 수) ②	소수 두·세 자리 수의 덧셈
	3	세 수의 덧셈	백의 자리에서 받아내림이 있는 (세 자리 수)-(세 자리 수)	(두 자리 수)÷(한 자리 수) ③	소수 한 자리 수의 뺄셈
	4	세 수의 뺄셈	십, 백의 자리에서 받아내림이 있는 (세 자리 수)-(세 자리 수)	(두 자리 수)÷(한 자리 수) ④	소수 두·세 자리 수의 뺄셈

Q&A 활용 가이드

Q

아이 수준을 몰라서
어느 단계의 교재를
선택하면 될지 모르겠어요.

계산 실수를 자주 해요.

시험 시간이 부족해요.

공부 계획을
스스로 세우기 힘들어요.

A

한 페이지에서
틀린 문제가 6문제 이상이면
이전 단계의
교재부터 시작하세요.

정해진 시간 안에 푸는
연습으로 실전 감각을
키우세요.

매일매일 공부하는
습관으로
정확성을 키우세요.

스케줄표를 이용해
계획을 세워
2주, 4주 완성에 도전하세요.

4주 완성 스케줄표

활용 방법 매일 2장(2차시)씩 풀면 24일 만에 완성할 수 있습니다.

1주	1일	2일	3일	4일	5일	6일
확인						
	12~15쪽	16~19쪽	20~23쪽	24~27쪽	28~31쪽	32~35쪽

2주	7일	8일	9일	10일	11일	12일
확인						
	40~43쪽	44~47쪽	48~51쪽	52~55쪽	56~59쪽	60~63쪽

3주	13일	14일	15일	16일	17일	18일
확인						
	68~71쪽	72~75쪽	76~79쪽	80~83쪽	84~87쪽	88~91쪽

4주	19일	20일	21일	22일	23일	24일
확인						
	96~99쪽	100~103쪽	104~107쪽	108~111쪽	112~115쪽	116~119쪽

※ 매일 4장(4차시)씩 풀면 12일 만에 완성할 수 있습니다.

더하기·빼기의 관계 ②

학습 체크표 매일 학습이 끝나면 채점을 하고 체크표를 작성하여 나의 실력을 알아보세요.

차시	단계	공부한 날		잘 했나요?			
1차시	1단계	월	일	☺	☺	☹	☒
2차시		월	일	☺	☺	☹	☒
3차시		월	일	☺	☺	☹	☒
4차시		월	일	☺	☺	☹	☒
5차시		월	일	☺	☺	☹	☒
6차시		월	일	☺	☺	☹	☒
7차시		월	일	☺	☺	☹	☒
8차시		월	일	☺	☺	☹	☒
9차시	2단계	월	일	☺	☺	☹	☒
10차시		월	일	☺	☺	☹	☒
11차시	3단계	월	일	☺	☺	☹	☒
12차시		월	일	☺	☺	☹	☒

틀린 개수가

0～1개이면 ☺ (아주 잘함)에, 2～3개이면 ☺ (잘함)에,

4～5개이면 ☹ (보통)에, 6개 이상이면 ☒ (노력 바람)에 색칠해 주세요.

학습목표 덧셈을 뺄셈으로 바꿔 보고, 뺄셈을 덧셈으로 바꿔 보는 활동을 통해 덧셈과 뺄셈의 역연산 관계를 이해할 수 있습니다.

1주

문제의 답만큼 젤리 먹기 하자. 오빠는 쉬운 문제만 낼게!

좋아!

3+1은?

그거야 쉽지! 4!

$3+1=4$

4개 먹는다~

...쩝

휙

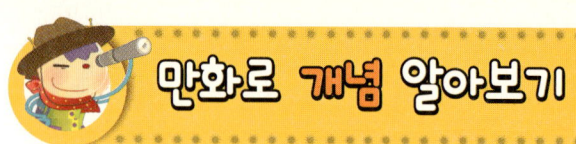

난 어려운 문제 내야지. 18+3은?

윽! 진짜 어렵다.

치...맞아.

$18 + 3 = 21$

음... 18보다 3 큰 수이니까 21?

하하 신난다! 정답 수만큼~

왕창

➕ 다음 덧셈을 하세요.

(1) 5 + 1 = ☐

더하는 수가
1씩 커져요.

5 + 2 = ☐

합이 1씩
커져요.

5 + 3 = ☐

(2) 12 + 3 = ☐

12 + 2 = ☐

12 + 1 = ☐

(3) 9 + 1 = ☐

9 + 2 = ☐

9 + 3 = ☐

(4) 4 + 3 = ☐

4 + 2 = ☐

4 + 1 = ☐

(5) 8 + 1 = ☐

8 + 2 = ☐

(6) 7 + 3 = ☐

7 + 2 = ☐

 꼭꼭 어떤 수에 더하는 수가 1씩 커지면 답도 1씩 커지고, 더하는 수가 1씩 작아지면 답도 1씩 작아지는
개념을 이해하며 문제를 풀 수 있도록 합니다.

다음 덧셈을 하세요.

1주

(7) 17 + 1 =

17 + 2 =

17 + 3 =

(8) 23 + 3 =

23 + 2 =

23 + 1 =

(9) 26 + 1 =

26 + 2 =

26 + 3 =

(10) 18 + 3 =

18 + 2 =

18 + 1 =

(11) 20 + 1 =

20 + 2 =

(12) 15 + 2 =

15 + 3 =

✚ 다음 덧셈을 하세요.

(1) $3 + 2 = \boxed{}$

$2 + 3 = \boxed{}$

덧셈은 두 수를
바꾸어 더해도 같아요.

(2) $1 + 2 = \boxed{}$

$2 + 1 = \boxed{}$

(3) $3 + 1 = \boxed{}$

$1 + 3 = \boxed{}$

(4) $3 + 3 = \boxed{}$

$3 + 3 = \boxed{}$

(5) $7 + 3 = \boxed{}$

(6) $24 + 3 = \boxed{}$

(7) $12 + 3 = \boxed{}$

(8) $4 + 2 = \boxed{}$

(9) $9 + 3 = \boxed{}$

(10) $13 + 1 = \boxed{}$

(11) $19 + 3 = \boxed{}$

(12) $21 + 3 = \boxed{}$

다음 덧셈을 하세요.

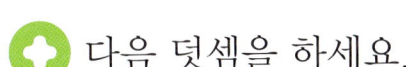

(13) 5 + 3 =

(14) 13 + 2 =

(15) 14 + 3 =

(16) 25 + 1 =

(17) 16 + 2 =

(18) 11 + 3 =

(19) 7 + 1 =

(20) 22 + 2 =

(21) 24 + 3 =

(22) 9 + 1 =

(23) 17 + 2 =

(24) 8 + 2 =

(25) 15 + 3 =

(26) 17 + 3 =

(27) 26 + 3 =

(28) 7 + 3 =

➕ 다음 뺄셈을 하세요.

(1) 4 – 1 = ☐

 빼는 수가
1씩 커져요.

답이 1씩
작아져요.

4 – 2 = ☐

4 – 3 = ☐

(2) 8 – 3 = ☐

8 – 2 = ☐

8 – 1 = ☐

(3) 6 – 1 = ☐

6 – 2 = ☐

6 – 3 = ☐

(4) 3 – 3 = ☐

3 – 2 = ☐

3 – 1 = ☐

(5) 9 – 1 = ☐

9 – 2 = ☐

(6) 5 – 3 = ☐

5 – 2 = ☐

 꼭꼭 어떤 수에서 빼는 수가 1씩 커지면 답은 1씩 작아진다는 것을 알 수 있습니다. 1씩 작아지는 '앞의 수' 개념을 충분히 익히면 빼기의 개념을 좀더 쉽게 익힐 수 있습니다.

다음 뺄셈을 하세요.

1주

(7) 12 − 1 = ☐

12 − 2 = ☐

12 − 3 = ☐

(8) 20 − 3 = ☐

20 − 2 = ☐

20 − 1 = ☐

(9) 15 − 1 = ☐

15 − 2 = ☐

15 − 3 = ☐

(10) 11 − 3 = ☐

11 − 2 = ☐

11 − 1 = ☐

(11) 17 − 1 = ☐

17 − 2 = ☐

(12) 14 − 3 = ☐

14 − 2 = ☐

➕ 다음 뺄셈을 하세요.

(1) $4 - 1 = \boxed{}$

(2) $16 - 3 = \boxed{}$

(3) $10 - 2 = \boxed{}$

(4) $7 - 1 = \boxed{}$

(5) $18 - 1 = \boxed{}$

(6) $13 - 2 = \boxed{}$

(7) $5 - 3 = \boxed{}$

(8) $10 - 1 = \boxed{}$

(9) $14 - 2 = \boxed{}$

(10) $8 - 3 = \boxed{}$

(11) $3 - 3 = \boxed{}$

(12) $16 - 1 = \boxed{}$

(13) $17 - 3 = \boxed{}$

(14) $6 - 2 = \boxed{}$

(15) $9 - 1 = \boxed{}$

(16) $10 - 3 = \boxed{}$

1주

➕ 다음 뺄셈을 하세요.

(17) 4 − 3 = [ ]

(18) 16 − 2 = [ ]

(19) 12 − 1 = [ ]

(20) 7 − 2 = [ ]

(21) 18 − 3 = [ ]

(22) 13 − 1 = [ ]

(23) 5 − 2 = [ ]

(24) 8 − 2 = [ ]

(25) 14 − 3 = [ ]

(26) 8 − 1 = [ ]

(27) 3 − 2 = [ ]

(28) 15 − 3 = [ ]

(29) 17 − 1 = [ ]

(30) 6 − 2 = [ ]

(31) 19 − 2 = [ ]

(32) 20 − 3 = [ ]

➕ 다음 계산을 하세요.

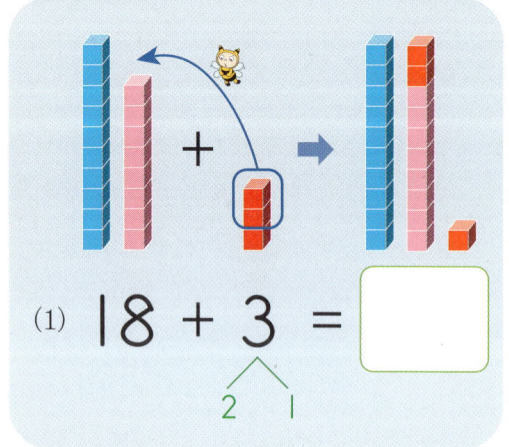

(1) $18 + 3 =$ □
2 1

(2) $11 - 2 =$ □
1 1

(3) $9 + 3 =$ □
1 2

(4) $12 - 3 =$ □
2 1

(5) $20 - 2 =$ □

(6) $25 + 2 =$ □

(7) $11 - 3 =$ □
1 2

(8) $17 + 1 =$ □

(9) $15 + 2 =$ □

(10) $6 - 3 =$ □

(11) $14 - 1 =$ □

(12) $23 + 2 =$ □

 받아올림과 받아내림이 있는 계산을 어려워할 경우, 가르기 · 모으기와 10의 보수 개념을 블록, 사탕 등을 가지고 반복 연습하며 개념을 확실히 다져 줍니다.

● 다음 계산을 하세요.

(13) $7 - 2 = \boxed{}$

(14) $14 + 1 = \boxed{}$

(15) $16 + 3 = \boxed{}$

(16) $5 - 1 = \boxed{}$

(17) $12 - 2 = \boxed{}$

(18) $19 + 3 = \boxed{}$
$\overset{\wedge}{\underset{1\quad 2}{}}$

(19) $28 + 1 = \boxed{}$

(20) $12 - 1 = \boxed{}$

(21) $18 + 2 = \boxed{}$

(22) $10 - 3 = \boxed{}$

(23) $8 - 1 = \boxed{}$

(24) $22 + 2 = \boxed{}$

(25) $15 + 3 = \boxed{}$

(26) $8 - 3 = \boxed{}$

(27) $20 - 3 = \boxed{}$

(28) $26 + 2 = \boxed{}$

다음 계산을 하세요.

(1) $4 + 3 =$ ☐

(2) $16 - 2 =$ ☐

(3) $13 - 1 =$ ☐

(4) $28 + 2 =$ ☐

(5) $14 + 3 =$ ☐

(6) $15 - 1 =$ ☐

(7) $18 - 2 =$ ☐

(8) $17 + 3 =$ ☐

(9) $12 - 3 =$ ☐

(10) $23 + 1 =$ ☐

(11) $9 + 2 =$ ☐

(12) $11 - 3 =$ ☐

(13) $19 - 1 =$ ☐

(14) $8 + 1 =$ ☐

(15) $27 + 2 =$ ☐

(16) $14 - 3 =$ ☐

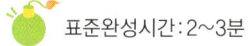
 다음 계산을 하세요.

1주

(17) $16 + 3 =$ 　

(18) $19 - 3 =$ 　

(19) $6 + 2 =$ 　

(20) $8 - 2 =$ 　

(21) $12 - 3 =$ 　

(22) $9 + 3 =$ 　

(23) $18 + 2 =$ 　

(24) $20 - 2 =$ 　

(25) $4 + 3 =$ 　

(26) $7 - 3 =$ 　

(27) $11 - 2 =$ 　

(28) $9 + 2 =$ 　

(29) $5 + 1 =$ 　

(30) $6 - 1 =$ 　

(31) $17 - 2 =$ 　

(32) $15 + 2 =$

7차시 더하기 · 빼기의 관계 ②

➕ 다음 계산을 하세요.

| 십의 자리 | 일의 자리 |

| 십의 자리 | 일의 자리 |

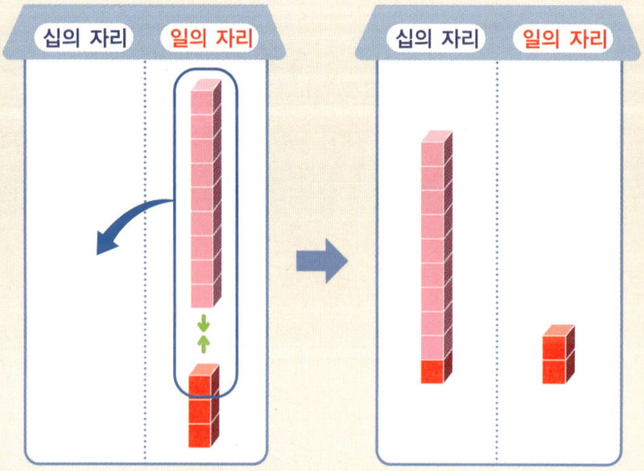

9 + 3

십의 자리	일의 자리
	9
+	3
1	2

(1)

	8
−	1

(2)

	6
−	2

(3)

	5
−	3

(4)

	9
+	2

(5)

	8
+	3

(6)

	9
+	1

 꼭꼭 세로셈은 십의 자리와 일의 자리를 익히는 데 도움이 됩니다. 덧셈과 뺄셈의 개념을 익혀 직접 세지 않고도 두 수의 합과 차를 구할 수 있도록 합니다.

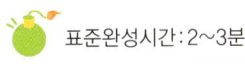

1주

다음 계산을 하세요.

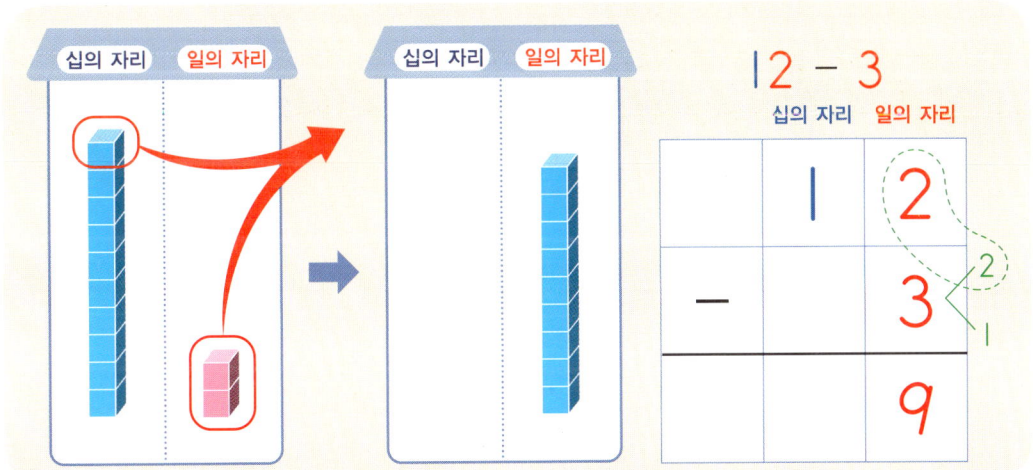

(7)

	1	7
−		2

(8)

	2	0
−		3

(9)

	1	3
+		3

(10)

	2	5
+		1

(11)

	1	1
−		2

(12)

	1	6
+		2

다음 계산을 하세요.

(1)
```
    3
+   6
─────
```

(2)
```
    9
−   2
─────
```

(3)
```
    4
+   1
─────
```

(4)
```
  1 4
−   2
─────
```

(5)
```
  2 2
+   3
─────
```

(6)
```
  1 7
−   1
─────
```

(7)
```
  1 9
+   2
─────
```

(8)
```
  2 0
−   2
─────
```

(9)
```
  1 1
−   3
─────
```

(10)
```
  2 8
+   2
─────
```

(11)
```
  1 5
+   1
─────
```

(12)
```
  1 0
−   2
─────
```

1주

다음 계산을 하세요.

(13)
```
   3
-  3
————
```

(14)
```
   1
+  2
————
```

(15)
```
   8
-  1
————
```

(16)
```
  2 6
+   1
————
```

(17)
```
  1 7
-   2
————
```

(18)
```
  1 2
+   3
————
```

(19)
```
  1 4
-   3
————
```

(20)
```
  2 7
+   3
————
```

(21)
```
  1 6
+   2
————
```

(22)
```
  1 8
-   1
————
```

(23)
```
  1 3
-   2
————
```

(24)
```
  1 5
+   3
————
```

✤ 다음 계산을 하세요.

+	2
14	14+2
7	7+2
12	12+2
25	25+2
18	18+2
9	9+2
3	3+2

세로의 수 14에 가로의 수 2를 더해요.

−	1
13	13−1
16	16−1
3	3−1
11	11−1
20	20−1
4	4−1
15	15−1

세로의 수 13에서 가로의 수 1을 빼요.

꼭꼭 계산 능력 향상에는 꾸준히 학습을 하는 것이 가장 효과적입니다. 매일 정해진 만큼의 분량을 학습할 수 있도록 지도합니다.

다음 계산을 하세요.

−	2
2	2 − 2
15	15 − 2
18	18 − 2
6	6 − 2
17	17 − 2
10	10 − 2
20	20 − 2

세로의 수 2에서 가로의 수 2를 빼요.

+	3
11	
22	
13	
4	
27	
1	
8	

○ 다음 계산을 하세요.

+	14	8	17	3	15
1	14+1	8+1	17+1	3+1	15+1

가로의 수 14에
세로의 수 1을
더해요.

−	3	11	19	7	14
2	3−2	11−2	19−2	7−2	14−2

+	12	19	24	6	26
3	12+3	19+3	24+3	6+3	26+3

꼭꼭 가로의 수에 세로의 수 1, 3을 더하거나 2를 빼어 빈칸에 써넣게 합니다.

◇ 다음 계산을 하세요.

−	20	16	13	5	17
3					

+	9	16	20	25	11
2					

−	10	6	19	15	16
1					

✿ 덧셈식을 보고 뺄셈식을 완성하세요.

$$1 + 2 = 3 \rightarrow 3 - 2 = 1$$

$$3 + 2 = 5 \rightarrow 5 - \triangle = \square$$

   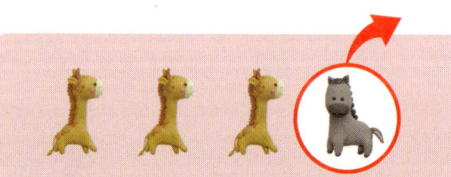

$$3 + 1 = 4 \rightarrow 4 - \triangle = \square$$

 미지수 찾기는 덧셈과 뺄셈의 교환 법칙을 통해 쉽게 찾을 수 있습니다. 덧셈식을 뺄셈식으로 바꾸는 문제에서 뺄셈식을 덧셈식으로 바꾸는 문제로 바꾸어서도 풀어 보세요.

➕ 식이 완성되도록 ☐ 안에 알맞은 수를 쓰세요.

1주

4 + 3 = ☐ ➡ 7 − ☐ = 4

11 − 1 = ☐ ➡ 10 + ☐ = 11

8 + 2 = ☐ ➡ 10 − ☐ = 8

✛ 세 수를 이용하여 알맞은 덧셈식과 뺄셈식을 하나씩 만들어 보세요.

$4 + \boxed{2} = \boxed{6}$

$\boxed{} - 2 = \boxed{}$

$9 + \boxed{} = \boxed{}$

$\boxed{} - 2 = \boxed{}$

$7 + \boxed{} = \boxed{}$

$\boxed{} - 3 = \boxed{}$

⬥ 빈칸에 알맞은 수를 써넣어 계산식을 완성하세요.

15	−		=	13
−		+		+
	−	1	=	
=		=		=
12	+		=	15

15 − ☐ = 13

15 − ☐ = 12

2주 더하기 4 : (1~6)+4

학습 체크표 매일 학습이 끝나면 채점을 하고 체크표를 작성하여 나의 실력을 알아보세요.

차시	단계	공부한 날	잘 했나요?
13차시		월 일	😊 🙂 😑 😣
14차시		월 일	😊 🙂 😑 😣
15차시		월 일	😊 🙂 😑 😣
16차시		월 일	😊 🙂 😑 😣
17차시	1단계	월 일	😊 🙂 😑 😣
18차시		월 일	😊 🙂 😑 😣
19차시		월 일	😊 🙂 😑 😣
20차시		월 일	😊 🙂 😑 😣
21차시	2단계	월 일	😊 🙂 😑 😣
22차시		월 일	😊 🙂 😑 😣
23차시	3단계	월 일	😊 🙂 😑 😣
24차시		월 일	😊 🙂 😑 😣

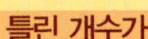

틀린 개수가

0~1개이면 😊(아주 잘함)에, 2~3개이면 🙂(잘함)에,

4~5개이면 😑(보통)에, 6개 이상이면 😣(노력 바람)에 색칠해 주세요.

만화로 개념 알아보기

학습목표 어떤 수와 4를 모아 모두 몇인지 알아보는 활동을 통해 덧셈의 개념을 이해하고, 능숙하게 계산할 수 있습니다.

➕ 수를 모아 ☐ 안에 알맞은 수를 쓰고, 덧셈을 하세요.

| 1 | 4 |

5

1 + 4 = 5

(1)

| 3 | 4 |

*3과 4를 모으면
3보다 4 큰 수가 되지요.

7

3 + 4 = ☐

(2)

| 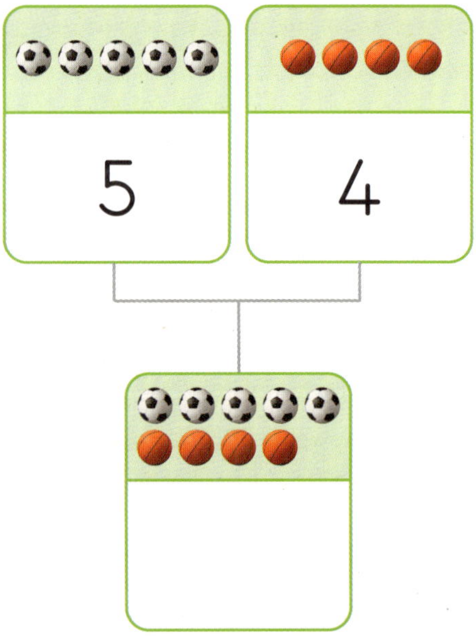 5 | 4 |

5 + 4 = ☐

 두 수를 모으면 어떤 수가 되는지 알아봅니다. 구체물의 두 수를 이어 세어 보고 몇을 합하였는지 덧셈의 개념을 이해시킵니다.

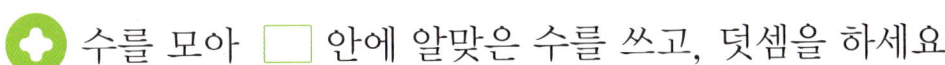

➕ 수를 모아 ☐ 안에 알맞은 수를 쓰고, 덧셈을 하세요.

(3)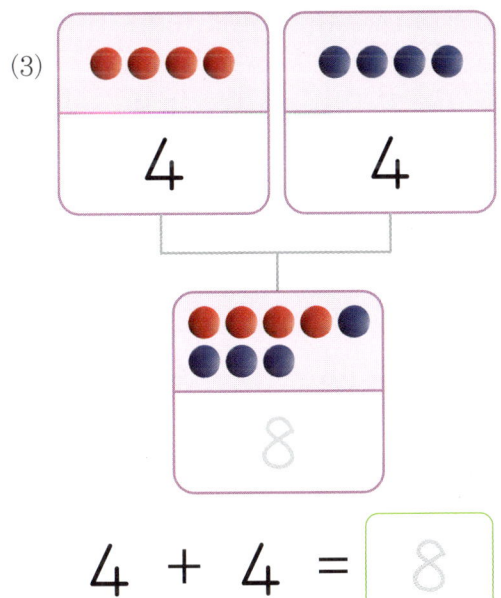

$4 + 4 = 8$

(4)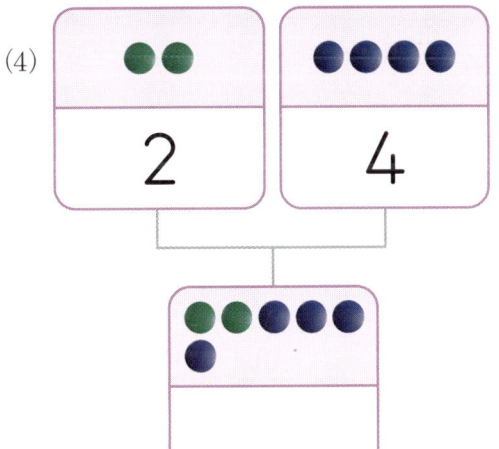

$2 + 4 = \boxed{}$

(5)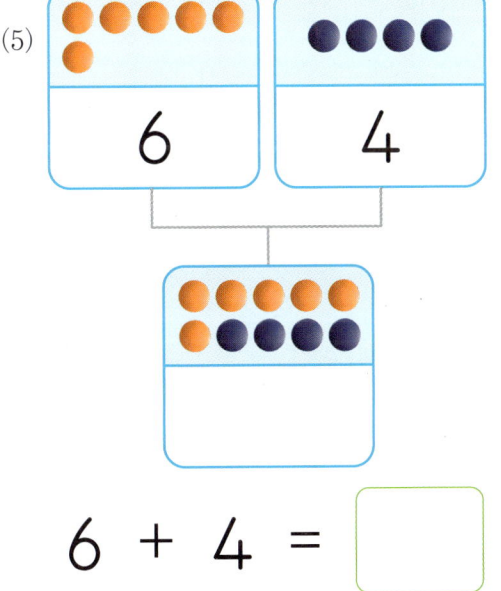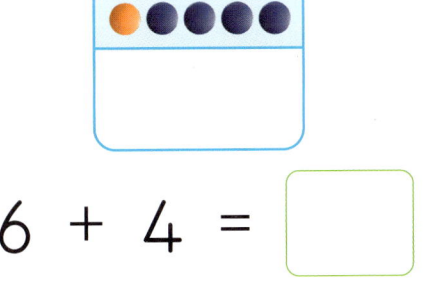

$6 + 4 = \boxed{}$

(6)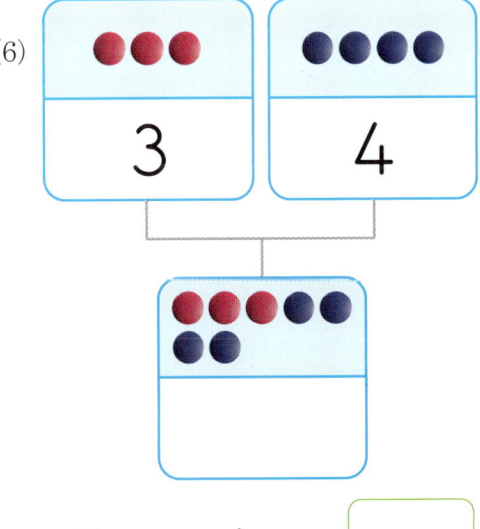

$3 + 4 = \boxed{}$

➕ 다음 덧셈을 하세요.

(1)

1 + 4 =
일　더하기　사　는

*1과 4를 더하면 5가 되지요.
1+4=5라고 쓰고,
'일 더하기 사는 오와
같습니다.' 라고 읽어요.

(2)

2 + 4 =
이　더하기　사　는

(3)

3 + 4 =
삼　더하기　사　는

(4)

4 + 4 =
사　더하기　사　는

(5)

5 + 4 =
오　더하기　사　는

 어떤 수에 더하기 4를 하는 것은 수가 4씩 커지는 것을 의미합니다. 블록을 이용하여 더하기 4를 충분히 연습합니다.

✿ 다음 덧셈을 하세요.

(6) 6   +   4   =
　　 육 더하기 사　 는

*6과 4를 더하면 10이 되지요.
6+4=10이라고 쓰고,
'육 더하기 사는 십과 같습니다.'
라고 읽어요.

2주

(7) 5   +   4   =
　　 오 더하기 사　 는

(8) 4   +   4   =
　　 사 더하기 사　 는

(9) 3   +   4   =
　　 삼 더하기 사　 는

(10) 2   +   4   =
　　 이 더하기 사　 는

➕ 다음 덧셈을 하세요.

(1) $6 + 4 =$ ☐

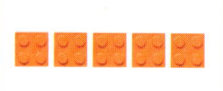 

(2) $5 + 4 =$ ☐

(3) $1 + 4 =$ ☐

(4) $4 + 4 =$ ☐

(5) $3 + 4 =$ ☐

(6) $2 + 4 =$ ☐

(7) $4 + 4 =$ ☐

(8) $6 + 4 =$ ☐

(9) $2 + 4 =$ ☐

(10) $5 + 4 =$ ☐

(11) $1 + 4 =$ ☐

(12) $3 + 4 =$ ☐

(13) $6 + 4 =$ ☐

(14) $1 + 4 =$ ☐

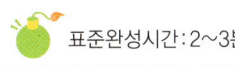
✚ 다음 덧셈을 하세요.

2주

(15) 1 + 4 = ☐

(16) 3 + 4 = ☐

(17) 4 + 4 = ☐

(18) 2 + 4 = ☐

(19) 6 + 4 = ☐

(20) 5 + 4 = ☐

(21) 2 + 4 = ☐

(22) 4 + 4 = ☐

(23) 5 + 4 = ☐

(24) 3 + 4 = ☐

(25) 4 + 4 = ☐

(26) 6 + 4 = ☐

(27) 2 + 4 = ☐

(28) 1 + 4 = ☐

(29) 3 + 4 = ☐

(30) 5 + 4 = ☐

 꼭꼭 　구체물을 이용하여 충분한 연습이 이루어졌으면 구체물 없이 덧셈식을 풀어 봅니다. 더하기 4는 4 큰 수의 개념으로 이해시킵니다.

✚ 다음 덧셈을 하세요.

(1) $2 + 4 =$ ☐　　　(2) $4 + 4 =$ ☐

(3) $3 + 4 =$ ☐　　　(4) $6 + 4 =$ ☐

(5) $5 + 4 =$ ☐　　　(6) $1 + 4 =$ ☐

(7) $6 + 4 =$ ☐　　　(8) $2 + 4 =$ ☐

(9) $4 + 4 =$ ☐　　　(10) $5 + 4 =$ ☐

(11) $1 + 4 =$ ☐　　　(12) $4 + 4 =$ ☐

(13) $2 + 4 =$ ☐　　　(14) $3 + 4 =$ ☐

(15) $5 + 4 =$ ☐　　　(16) $2 + 4 =$ ☐

 다음 덧셈을 하세요.

(17)　3 + 4 =　☐

(18)　5 + 4 =　☐

(19)　1 + 4 =　☐

(20)　2 + 4 =　☐

(21)　6 + 4 =　☐

(22)　3 + 4 =　☐

(23)　4 + 4 =　☐

(24)　5 + 4 =　☐

(25)　2 + 4 =　☐

(26)　1 + 4 =　☐

(27)　3 + 4 =　☐

(28)　6 + 4 =　☐

(29)　5 + 4 =　☐

(30)　4 + 4 =　☐

(31)　6 + 4 =　☐

(32)　3 + 4 =　☐

다음 덧셈을 하세요.

(1) | + 3 =

1씩 커져요.

| + 4 =

(2) 2 + 3 =

2 + 4 =

(3) 3 + 3 =

3 + 4 =

(4) 4 + 3 =

4 + 4 =

(5) 5 + 3 =

5 + 4 =

(6) 6 + 3 =

6 + 4 =

(7) 4 + 3 =

4 + 4 =

(8) 2 + 3 =

2 + 4 =

 꼭꼭 　더하기 3과 더하기 4의 차이점을 살펴보고 무엇이 어떻게 달라졌는지 말해 봅니다.

✚ 다음 덧셈을 하세요.

(9) $6 + 4 = \boxed{}$ (10) $2 + 4 = \boxed{}$

(11) $3 + 4 = \boxed{}$ (12) $1 + 4 = \boxed{}$

(13) $5 + 4 = \boxed{}$ (14) $4 + 4 = \boxed{}$

(15) $2 + 4 = \boxed{}$ (16) $6 + 4 = \boxed{}$

(17) $1 + 4 = \boxed{}$ (18) $3 + 4 = \boxed{}$

(19) $4 + 4 = \boxed{}$ (20) $5 + 4 = \boxed{}$

(21) $3 + 4 = \boxed{}$ (22) $1 + 4 = \boxed{}$

(23) $4 + 4 = \boxed{}$ (24) $6 + 4 = \boxed{}$

➕ 다음 덧셈을 하세요.

(1)	2 + 4
	2
+	4

(2)	3 + 4
	3
+	4

(3)	4 + 4
	4
+	4

 더하기 4를 세로셈으로 익혀 봅니다. 수 막대를 이용하여 충분한 연습을 한 후, 세로셈만 보고 답이 나오도록 지도합니다.

다음 덧셈을 하세요.

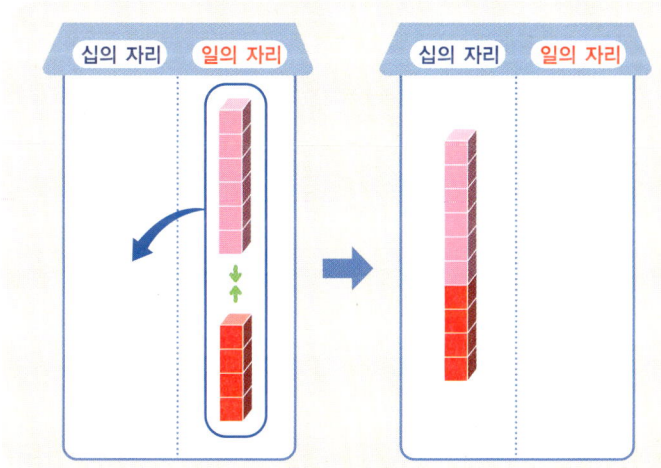

십의 자리	일의 자리
	6
+	4
1	0

6 + 4

(4) 2 + 4

	2
+	4

(5) 5 + 4

	5
+	4

(6) 1 + 4

	1
+	4

(7) 4 + 4

	4
+	4

(8) 3 + 4

	3
+	4

(9) 6 + 4

	6
+	4

 다음 덧셈을 하세요.

(1)

	3
+	4

(2)

	5
+	4

(3)

	4
+	4

(4)

	6
+	4

(5)

	2
+	4

(6)

	1
+	4

(7)

	5
+	4

(8)

	4
+	4

(9)

	3
+	4

 꼭꼭   일의 자리 숫자끼리 더하여 10이 되면 왼쪽부터 차례로 칸에 '1', '0' 을 씁니다.

♣ 다음 덧셈을 하세요.

(10)

	1
+	4

(11)

	3
+	4

(12)

	4
+	4

2주

(13)

	5
+	4

(14)

	6
+	4

(15)

	1
+	4

(16)

	2
+	4

(17)

	4
+	4

(18)

	6
+	4

20 차시 더하기 4 : (1~6)+4 **1**단계

 다음 덧셈을 하세요.

(1)
$$\begin{array}{r} 2 \\ +\ 4 \\ \hline \end{array}$$

(2)
$$\begin{array}{r} 4 \\ +\ 4 \\ \hline \end{array}$$

(3)
$$\begin{array}{r} 5 \\ +\ 4 \\ \hline \end{array}$$

(4)
$$\begin{array}{r} 1 \\ +\ 4 \\ \hline \end{array}$$

(5)
$$\begin{array}{r} 3 \\ +\ 4 \\ \hline \end{array}$$

(6)
$$\begin{array}{r} 6 \\ +\ 4 \\ \hline \end{array}$$

(7)
$$\begin{array}{r} 5 \\ +\ 4 \\ \hline \end{array}$$

(8)
$$\begin{array}{r} 6 \\ +\ 4 \\ \hline \end{array}$$

(9)
$$\begin{array}{r} 2 \\ +\ 4 \\ \hline \end{array}$$

(10)
$$\begin{array}{r} 3 \\ +\ 4 \\ \hline \end{array}$$

(11)
$$\begin{array}{r} 1 \\ +\ 4 \\ \hline \end{array}$$

(12)
$$\begin{array}{r} 4 \\ +\ 4 \\ \hline \end{array}$$

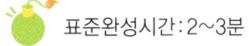 다음 덧셈을 하세요.

(13)
$$\begin{array}{r} 3 \\ +\ 4 \\ \hline \end{array}$$

(14)
$$\begin{array}{r} 6 \\ +\ 4 \\ \hline \end{array}$$

(15)
$$\begin{array}{r} 1 \\ +\ 4 \\ \hline \end{array}$$

2주

(16)
$$\begin{array}{r} 2 \\ +\ 4 \\ \hline \end{array}$$

(17)
$$\begin{array}{r} 5 \\ +\ 4 \\ \hline \end{array}$$

(18)
$$\begin{array}{r} 4 \\ +\ 4 \\ \hline \end{array}$$

(19)
$$\begin{array}{r} 1 \\ +\ 4 \\ \hline \end{array}$$

(20)
$$\begin{array}{r} 4 \\ +\ 4 \\ \hline \end{array}$$

(21)
$$\begin{array}{r} 3 \\ +\ 4 \\ \hline \end{array}$$

(22)
$$\begin{array}{r} 2 \\ +\ 4 \\ \hline \end{array}$$

(23)
$$\begin{array}{r} 6 \\ +\ 4 \\ \hline \end{array}$$

(24)
$$\begin{array}{r} 5 \\ +\ 4 \\ \hline \end{array}$$

○ 다음 덧셈을 하세요.

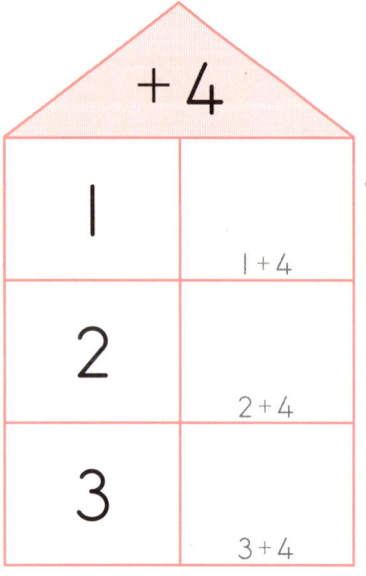

+4	
1	1 + 4
2	2 + 4
3	3 + 4

세로의 수 1과 가로의 수 4를 더해요.

+4	
4	4 + 4
5	5 + 4
6	6 + 4

+4	
3	
5	
2	

+4	
4	
6	
1	

 꼭꼭 세로의 수와 가로의 수 4를 더하여 빈칸에 써넣게 합니다. 가로셈과 세로셈을 연습하였으므로 식은 세우지 말고 바로 답이 나오도록 유도합니다.

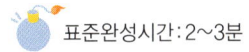
 다음 덧셈을 하세요.

+	4
4	4 + 4
1	1 + 4
5	5 + 4
2	2 + 4
6	6 + 4
3	3 + 4
4	4 + 4

+	4
2	
5	
1	
6	
3	
4	
6	

 2주

 다음 덧셈을 하세요.

+	6	5	4	3	2
4	6+4	5+4	4+4	3+4	2+4

가로의 수 6과
세로의 수 4를
더해요.

+	1	2	3	4	5
4					

+	3	1	6	4	5
4					

 꼭꼭 더해지는 수가 1씩 커짐에 따라 답도 1씩 커지는 것을 알 수 있습니다. 반대로 더해지는 수가 1씩 작아짐에 따라 답도 1씩 작아진다는 것을 알 수 있게 합니다.

● 다음 덧셈을 하세요.

+	4	2	3	1	5
4	4+4	2+4	3+4	1+4	5+4

가로의 수 4와
세로의 수 4를
더해요.

+	5	4	6	1	2
4					

+	3	6	4	1	2
4					

➕ 그림에 알맞은 덧셈식을 찾아 색칠하세요.

| 3 + 4 = 7 | 2 + 4 = 6 | 1 + 4 = 5 |

| 2 + 4 = 6 | 5 + 4 = 9 | 4 + 4 = 8 |

꼭꼭   구체물의 수를 세면서 그림에 알맞은 덧셈식을 알아봅니다. 덧셈식과 그림의 관계를 이해하면서 더하기의 개념을 익힙니다.

✿ 그림에 알맞은 덧셈식을 찾아 ◯표 하세요.

$4 + 4 = 8$ $5 + 4 = 9$ $3 + 4 = 7$

$3 + 4 = 7$ $6 + 4 = 10$ $5 + 4 = 9$

$5 + 4 = 9$ $6 + 4 = 10$ $2 + 4 = 6$

✚ ☐ 안에 알맞은 수를 써넣어 덧셈식을 완성하세요.

$$3 + \boxed{4} = 7$$

$$2 + \boxed{} = 6$$

$$4 + \boxed{} = 8$$

 구체물의 수를 세면서 더하는 수가 몇인지 알아보고 덧셈식의 관계를 이해하게 합니다.

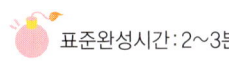
➕ 덧셈을 하고, 계산 결과가 더 큰 덧셈식에 색칠하세요.

똑같이 더하기 4이니까
더해지는 수가 크면
계산 결과가 더 큰 덧셈식이야.

$2 + 4 =$ ☐ 　　　　　 $3 + 4 =$ ☐

❋ (더해지는 수)+(더하는 수)

$5 + 4 =$ ☐ 　　　　　 $4 + 4 =$ ☐

$1 + 4 =$ ☐ 　　　　　 $6 + 4 =$ ☐

$5 + 4 =$ ☐ 　　　　　 $3 + 4 =$ ☐

 꼭꼭　두 개의 덧셈식에 답을 쓰고, 계산 결과가 더 큰 덧셈식을 찾아봅니다. 모두 더하기 4이므로 더해지는 수가 큰 수가 더 큰 덧셈식이 된다는 것을 직관적으로 알게 합니다.

3주 더하기 4 : (1~16)＋4

학습 체크표 매일 학습이 끝나면 채점을 하고 체크표를 작성하여 나의 실력을 알아보세요.

차시	단계	공부한 날	잘 했나요?
25차시	1단계	월　일	☺ ☺ 😐 😣
26차시		월　일	☺ ☺ 😐 😣
27차시		월　일	☺ ☺ 😐 😣
28차시		월　일	☺ ☺ 😐 😣
29차시		월　일	☺ ☺ 😐 😣
30차시		월　일	☺ ☺ 😐 😣
31차시		월　일	☺ ☺ 😐 😣
32차시		월　일	☺ ☺ 😐 😣
33차시	2단계	월　일	☺ ☺ 😐 😣
34차시		월　일	☺ ☺ 😐 😣
35차시	3단계	월　일	☺ ☺ 😐 😣
36차시		월　일	☺ ☺ 😐 😣

틀린 개수가

0～1개이면 ☺(아주 잘함)에, 2～3개이면 ☺(잘함)에,

4～5개이면 😐(보통)에, 6개 이상이면 😣(노력 바람)에 색칠해 주세요.

만화로 개념 알아보기

학습목표 앞의 수와 몇을 더하면 10이 되는지 알아보고, 뒤의 수를 갈라 합이 10이 넘는 더하기 4의
계산을 쉽게 할 수 있습니다.

엄마 제 생일이 언제예요?

4일 뒤란다.

4일 뒤라고요? 신난다~ 그런데 4일 뒤가 언제지?

오늘이 14일이니까 14일에 4일을 더하면 된단다.

10월

일	월	화	수	목	금	토
				1	2	3	4	5
6	7	8	9	10
13	14	15	1
20	21	22	2
27	28	29

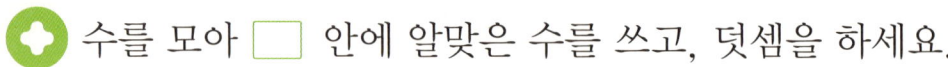

⊕ 수를 모아 ☐ 안에 알맞은 수를 쓰고, 덧셈을 하세요.

7 + 4 = 11

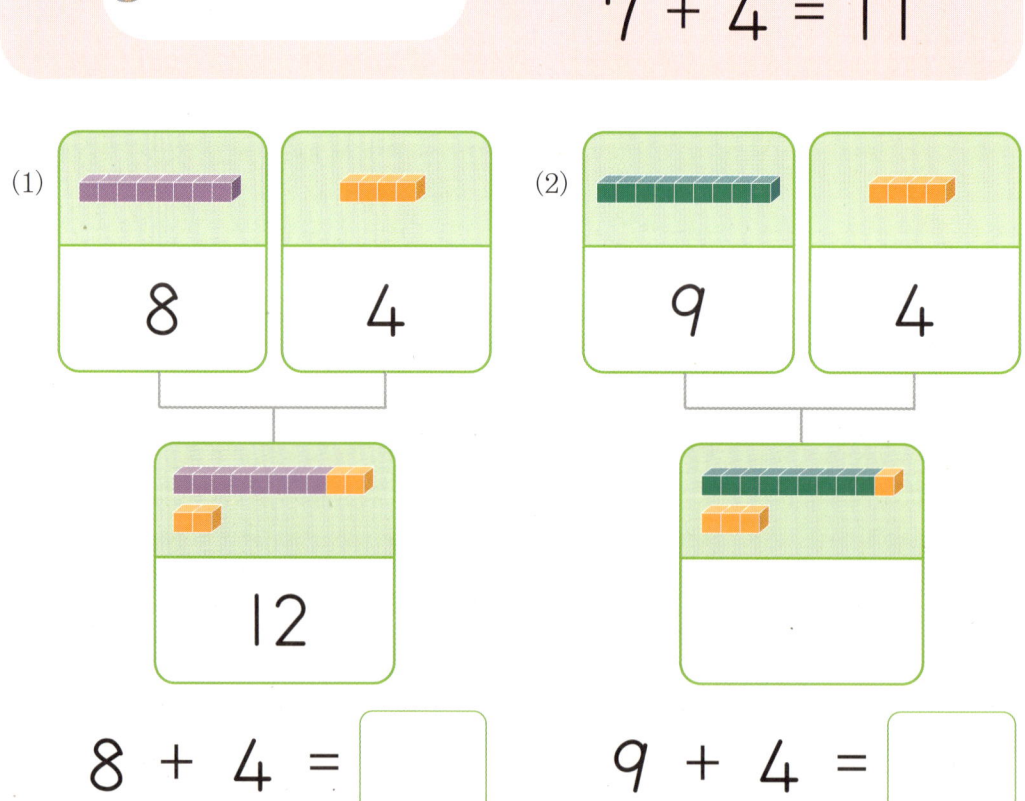

(1) 8 + 4 = ☐

(2) 9 + 4 = ☐

 꼭꼭 두 수를 모으면 어떤 수가 되는지 알아봅니다. 양쪽의 구체물의 수를 합하여 세어 보거나 두 수를
이어서 세어 보고 4보다 큰 수의 개념으로 발전시켜 이해하게 합니다.

표준완성시간 : 2~3분

공부한 날 ◯월 ◯일

✚ 수를 모아 ▢ 안에 알맞은 수를 쓰고, 덧셈을 하세요.

(3)

| 10 | 4 |

14

$10 + 4 = \boxed{14}$

(4)

| 11 | 4 |

$\boxed{}$

$11 + 4 = \boxed{}$

(5)

| 12 | 4 |

$\boxed{}$

$12 + 4 = \boxed{}$

(6)

| 13 | 4 |

$\boxed{}$

$13 + 4 = \boxed{}$

(7)

| 14 | 4 |

$\boxed{}$

$14 + 4 = \boxed{}$

(8)

| 15 | 4 |

$\boxed{}$

$15 + 4 = \boxed{}$

3주

♣ 다음 덧셈을 하세요.

(1) **12** + **4** = □
십이 더하기 사 는

* 12와 4를 더하면
16이 되지요.
12+4=16이라고 쓰고,
'십이 더하기 사는
십육과 같습니다.'
라고 읽어요.

(2) **13** + **4** = □
십삼 더하기 사 는

 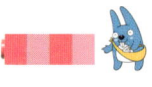 

(3) **14** + **4** = □
십사 더하기 사 는

(4) **15** + **4** = □
십오 더하기 사 는

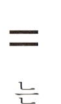

(5) **16** + **4** = □
십육 더하기 사 는

 더해지는 수가 1씩 커짐에 따라 답이 1씩 커지는 것을 블록을 세어 보면서 직관적으로 알 수 있게 합니다.

 다음 덧셈을 하세요.

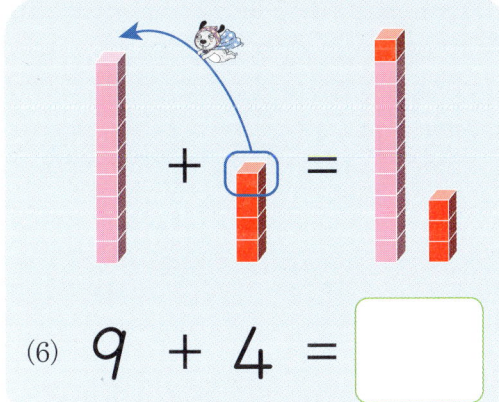

(6) 9 + 4 =

(7) 16 + 4 =

(8) 15 + 4 =

(9) 14 + 4 =

(10) 13 + 4 =

(11) 12 + 4 =

(12) 11 + 4 =

(13) 10 + 4 =

(14) 9 + 4 =

(15) 8 + 4 =

(16) 7 + 4 =

(17) 6 + 4 =

(18) 12 + 4 =

(19) 15 + 4 =

(20) 11 + 4 =

(21) 13 + 4 =

➕ 다음 덧셈을 하세요.

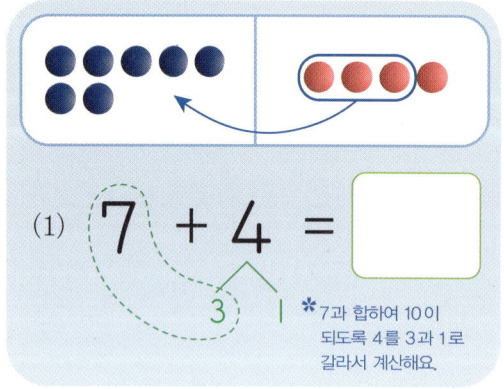

(1) $7 + 4 = \boxed{}$

　　　　3 ｜

*7과 합하여 10이 되도록 4를 3과 1로 갈라서 계산해요.

(2) $8 + 4 = \boxed{}$

　　　　2　2

(3) $9 + 4 = \boxed{}$

　　　｜　3

(4) $10 + 4 = \boxed{}$

(5) $13 + 4 = \boxed{}$

(6) $11 + 4 = \boxed{}$

(7) $12 + 4 = \boxed{}$

(8) $16 + 4 = \boxed{}$

(9) $15 + 4 = \boxed{}$

(10) $14 + 4 = \boxed{}$

(11) $16 + 4 = \boxed{}$

(12) $9 + 4 = \boxed{}$

 꼭꼭　받아올림이 있는 더하기는 앞의 수와 더하여 10이 되도록 뒤의 수를 갈라 계산하면 좀 더 쉽게 계산을 할 수 있습니다. 어떤 수로 갈라야 하는지 아이가 판단할 수 있도록 지도해 주세요.

다음 덧셈을 하세요.

(13) 13 + 4 = ☐

(14) 9 + 4 = ☐
 1 ∧ 3

(15) 7 + 4 = ☐
 3 ∧ 1

(16) 12 + 4 = ☐

(17) 10 + 4 = ☐

(18) 15 + 4 = ☐

(19) 11 + 4 = ☐

(20) 14 + 4 = ☐

(21) 8 + 4 = ☐
 2 ∧ 2

(22) 13 + 4 = ☐

(23) 12 + 4 = ☐

(24) 11 + 4 = ☐

(25) 9 + 4 = ☐

(26) 7 + 4 = ☐

(27) 16 + 4 = ☐

(28) 10 + 4 = ☐

3주

➕ 다음 덧셈을 하세요.

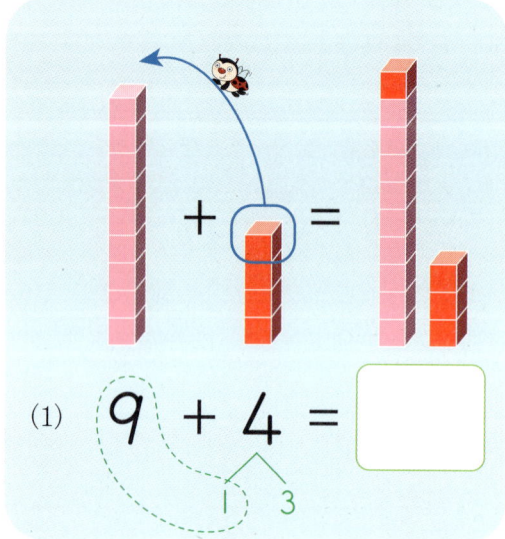

(1) $9 + 4 = \boxed{}$

| | 3 |

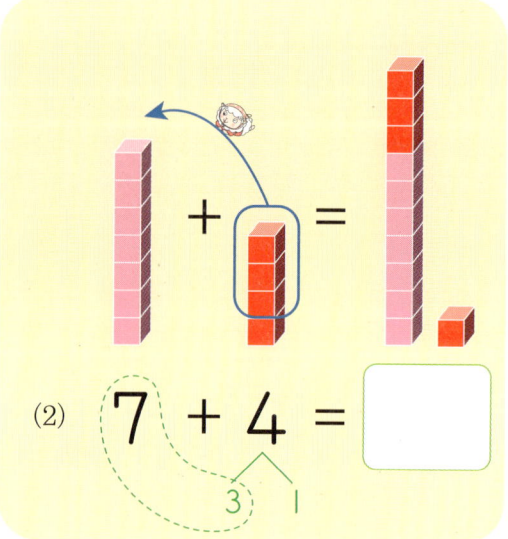

(2) $7 + 4 = \boxed{}$

3 | |

(3) $8 + 4 = \boxed{}$

(4) $10 + 4 = \boxed{}$

(5) $12 + 4 = \boxed{}$

(6) $14 + 4 = \boxed{}$

(7) $16 + 4 = \boxed{}$

(8) $15 + 4 = \boxed{}$

(9) $11 + 4 = \boxed{}$

(10) $13 + 4 = \boxed{}$

➕ 다음 덧셈을 하세요.

(11) 7 + 4 = [　　]

(12) 8 + 4 = [　　]

(13) 12 + 4 = [　　]

(14) 9 + 4 = [　　]

(15) 16 + 4 = [　　]

(16) 13 + 4 = [　　]

(17) 15 + 4 = [　　]

(18) 11 + 4 = [　　]

(19) 10 + 4 = [　　]

(20) 14 + 4 = [　　]

(21) 13 + 4 = [　　]

(22) 12 + 4 = [　　]

(23) 16 + 4 = [　　]

(24) 15 + 4 = [　　]

(25) 14 + 4 = [　　]

(26) 11 + 4 = [　　]

3주

➕ 다음 덧셈을 하세요.

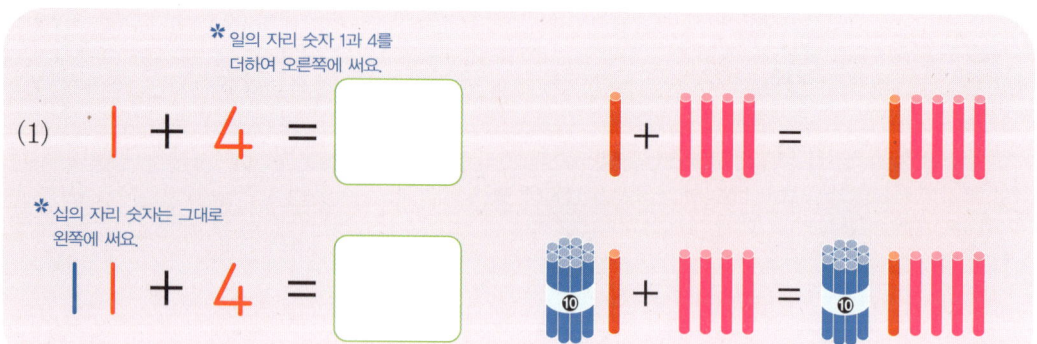

(1) **일의 자리 숫자 1과 4를 더하여 오른쪽에 써요.**

$1 + 4 = \boxed{}$

십의 자리 숫자는 그대로 왼쪽에 써요.

$11 + 4 = \boxed{}$

(2) $2 + 4 = \boxed{}$

$12 + 4 = \boxed{}$

(3) $4 + 4 = \boxed{}$

$14 + 4 = \boxed{}$

(4) $5 + 4 = \boxed{}$

$15 + 4 = \boxed{}$

(5) $6 + 4 = \boxed{}$

$16 + 4 = \boxed{}$

(6) $3 + 4 = \boxed{}$

$13 + 4 = \boxed{}$

(7) $1 + 4 = \boxed{}$

$11 + 4 = \boxed{}$

 꼭꼭 더해지는 수가 10씩 커지는 덧셈식입니다. 일의 자리 숫자끼리 더하여 일의 자리에 쓰고, 십의 자리 숫자는 십의 자리에 그대로 내려 쓰게 합니다.

 다음 덧셈을 하세요.

(8) 4 + 4 =

(9) 5 + 4 =

(10) 3 + 4 =

(11) 2 + 4 =

(12) 6 + 4 =

(13) 7 + 4 =

(14) 11 + 4 =

(15) 13 + 4 =

(16) 9 + 4 =

(17) 1 + 4 =

(18) 14 + 4 =

(19) 8 + 4 =

(20) 16 + 4 =

(21) 10 + 4 =

(22) 12 + 4 =

(23) 15 + 4 =

3주

➕ 다음 덧셈을 하세요.

3과 4를 더하면 7이 되지.

(1)   1 1 + 4

	1	1
+		4

(2)   1 2 + 4

	1	2
+		4

(3)   1 3 + 4

	1	3
+		4

 꼭꼭   수 막대를 이용하여 수를 모아 덧셈을 해 보고, 익숙해지면 세로셈으로 일의 자리 숫자와 십의 자리 숫자의 자릿수를 잘 맞춰서 계산합니다.

➕ 다음 덧셈을 하세요.

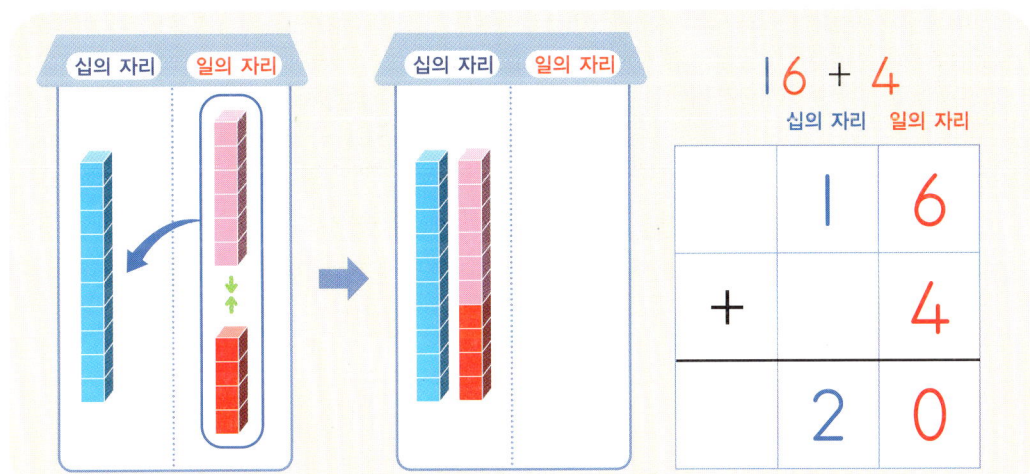

16 + 4

십의 자리　일의 자리

	1	6
+		4
	2	0

3주

(4) 15 + 4

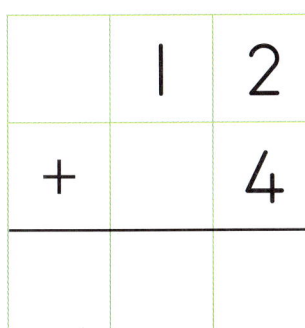

	1	5
+		4

(5) 14 + 4

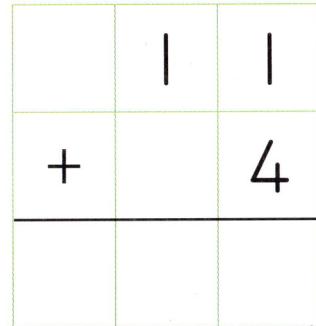

	1	4
+		4

(6) 13 + 4

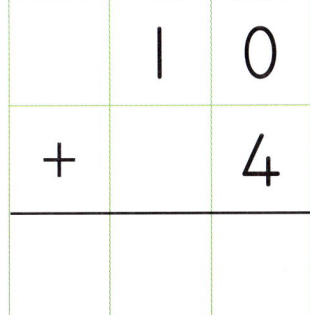

	1	3
+		4

(7) 12 + 4

	1	2
+		4

(8) 11 + 4

	1	1
+		4

(9) 10 + 4

	1	0
+		4

✚ 다음 덧셈을 하세요.

(1)

	1	1
+		4

(2)

	1	3
+		4

(3)

	1	5
+		4

(4)

	1	2
+		4

(5)

		7
+		4

(6)

		9
+		4

(7)

	1	0
+		4

(8)

	1	4
+		4

(9)

	1	6
+		4

➕ 다음 덧셈을 하세요.

(10)

```
      7
+     4
───────
```

(11)

```
      9
+     4
───────
```

(12)

```
    1 0
+     4
───────
```

(13)

```
    1 4
+     4
───────
```

(14)

```
    1 2
+     4
───────
```

(15)

```
    1 5
+     4
───────
```

(16)

```
    1 3
+     4
───────
```

(17)

```
    1 5
+     4
───────
```

(18)

```
    1 6
+     4
───────
```

 다음 덧셈을 하세요.

(1)
$$\begin{array}{r} 2 \\ +\ 4 \\ \hline \end{array}$$

(2)
$$\begin{array}{r} 4 \\ +\ 4 \\ \hline \end{array}$$

(3)
$$\begin{array}{r} 6 \\ +\ 4 \\ \hline \end{array}$$

(4)
$$\begin{array}{r} 1\ 0 \\ +\ \ \ 4 \\ \hline \end{array}$$

(5)
$$\begin{array}{r} 1\ 2 \\ +\ \ \ 4 \\ \hline \end{array}$$

(6)
$$\begin{array}{r} 1\ 5 \\ +\ \ \ 4 \\ \hline \end{array}$$

(7)
$$\begin{array}{r} 1\ 4 \\ +\ \ \ 4 \\ \hline \end{array}$$

(8)
$$\begin{array}{r} 1\ 3 \\ +\ \ \ 4 \\ \hline \end{array}$$

(9)
$$\begin{array}{r} 8 \\ +\ 4 \\ \hline \end{array}$$

(10)
$$\begin{array}{r} 9 \\ +\ 4 \\ \hline \end{array}$$

(11)
$$\begin{array}{r} 1\ 1 \\ +\ \ \ 4 \\ \hline \end{array}$$

(12)
$$\begin{array}{r} 6 \\ +\ 4 \\ \hline \end{array}$$

 받아올림이 있는 더하기에서 더하는 수를 어떤 수로 갈라야 더해지는 수가 10이 되는지 알아보고 더하는 수를 두 수로 가르게 합니다.

다음 덧셈을 하세요.

(13)
$$
\begin{array}{r}
5 \\
+\ 4 \\
\hline
\end{array}
$$

(14)
$$
\begin{array}{r}
4 \\
+\ 4 \\
\hline
\end{array}
$$

(15)
$$
\begin{array}{r}
3 \\
+\ 4 \\
\hline
\end{array}
$$

(16)
$$
\begin{array}{r}
7 \\
+\ 4 \\
\hline
\end{array}
$$

(17)
$$
\begin{array}{r}
6 \\
+\ 4 \\
\hline
\end{array}
$$

(18)
$$
\begin{array}{r}
8 \\
+\ 4 \\
\hline
\end{array}
$$

(19)
$$
\begin{array}{r}
1\ 2 \\
+\ \ \ 4 \\
\hline
\end{array}
$$

(20)
$$
\begin{array}{r}
1\ 5 \\
+\ \ \ 4 \\
\hline
\end{array}
$$

(21)
$$
\begin{array}{r}
1\ 6 \\
+\ \ \ 4 \\
\hline
\end{array}
$$

(22)
$$
\begin{array}{r}
1\ 0 \\
+\ \ \ 4 \\
\hline
\end{array}
$$

(23)
$$
\begin{array}{r}
1\ 1 \\
+\ \ \ 4 \\
\hline
\end{array}
$$

(24)
$$
\begin{array}{r}
1\ 3 \\
+\ \ \ 4 \\
\hline
\end{array}
$$

3주

 다음 덧셈을 하세요.

+4	
7	7 + 4
8	8 + 4
9	9 + 4

세로의 수 7과
가로의 수 4를
더해요.

+4	
10	
11	
12	

+4	
13	
14	
15	

+4	
16	
15	
14	

 받아올림이 없는 더하기와 받아올림이 있는 더하기를 함께 계산하면서 아이가 어느 것을 더 어려워
하는지 살펴봅니다. 또 왜 어려워하는지 원인을 파악하여 아이가 흥미를 가지고 더하기를 할 수 있
도록 지도합니다.

다음 덧셈을 하세요.

+	4
7	7 + 4
8	8 + 4
10	10 + 4
9	9 + 4
12	12 + 4
14	14 + 4
11	11 + 4

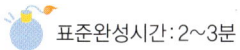 세로의 수 7과
가로의 수 4를
더해요.

+	4
9	
13	
16	
11	
15	
10	
8	

다음 덧셈을 하세요.

+	7	9	10	8	12
4	7+4	9+4	10+4	8+4	12+4

가로의 수 7과
세로의 수 4를
더해요.

+	6	15	13	14	11
4					

+	15	16	8	10	13
4					

다음 덧셈을 하세요.

+	5	8	1	7	2
4	5+4	8+4	1+4	7+4	2+4

가로의 수 5와
세로의 수 4를
더해요.

 3주

+	13	9	12	15	16
4					

+	14	11	4	3	8
4					

✚ 식이 완성되도록 ☐ 안에 알맞은 수를 쓰세요.

$$7 + \boxed{} = 11$$

$$\boxed{} + 4 = 16$$

 꼭꼭 구체물의 수를 세면서 덧셈식의 구조를 이해하고 더하기의 개념을 익힙니다.

그림에 알맞은 덧셈식을 찾아 ◯표 하세요.

13 + 4 = 17　　15 + 4 = 19　　11 + 4 = 15

7 + 4 = 11　　10 + 4 = 14　　12 + 4 = 16

9 + 4 = 13　　14 + 4 = 18　　8 + 4 = 12

36 차시 　더하기 4 : (1~16)+4　3단계

➕ 식이 완성되도록 ◯를 그리고, ☐ 안에 알맞은 수를 쓰세요.

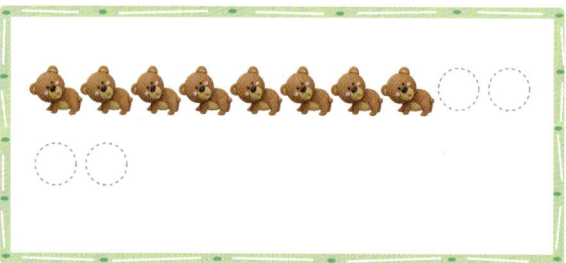

$$8 + \boxed{} = 12$$

$$12 + \boxed{} = 16$$

$$16 + \boxed{} = 20$$

 덧셈식의 구조에서 ☐ 안의 수가 무엇인지 말해 보고, 더하는 수가 몇인지 알아보며 덧셈의 관계를 이해합니다.

➕ 덧셈을 하고, 계산 결과가 가장 큰 덧셈에 ◯표 하세요.

똑같이 더하기 4이니까
더해지는 수가 가장 크면
가장 큰 덧셈이야.

$8 + 4$ $10 + 4$ $9 + 4$

3 주

$16 + 4$ $7 + 4$ $12 + 4$

$13 + 4$ $14 + 4$ $16 + 4$

 꼭꼭 세 개의 덧셈의 답을 쓰고, 가장 큰 덧셈을 찾아봅니다. 모두 더하기 4이므로 더해지는 수가 가장
큰 수가 가장 큰 덧셈이 된다는 것을 직관적으로 알게 합니다.

4주 더하기 4 : (1~26)+4

학습 체크표 매일 학습이 끝나면 채점을 하고 체크표를 작성하여 나의 실력을 알아보세요.

차시	단계	공부한 날	잘 했나요?
37차시		월　일	☺ ☺ ☻ ☹
38차시		월　일	☺ ☺ ☻ ☹
39차시		월　일	☺ ☺ ☻ ☹
40차시	1단계	월　일	☺ ☺ ☻ ☹
41차시		월　일	☺ ☺ ☻ ☹
42차시		월　일	☺ ☺ ☻ ☹
43차시		월　일	☺ ☺ ☻ ☹
44차시		월　일	☺ ☺ ☻ ☹
45차시	2단계	월　일	☺ ☺ ☻ ☹
46차시		월　일	☺ ☺ ☻ ☹
47차시	3단계	월　일	☺ ☺ ☻ ☹
48차시		월　일	☺ ☺ ☻ ☹

틀린 개수가

0~1 개이면 ☺ (아주 잘함)에, 2~3 개이면 ☺ (잘함)에,

4~5 개이면 ☻ (보통)에, 6 개 이상이면 ☹ (노력 바람)에 색칠해 주세요.

학습목표 십의 자리와 일의 자리의 자릿값을 이해하고 두 자리수와 더하기 4의 계산을 할 수 있습니다.

엄마, 만두 언제 먹어요?

4개만 더 만들면 된단다.

19개에 4개를 더 만들면 23개가 되네.

19 + 4 = 23

4주

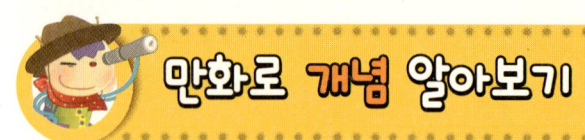
그 23개에 4개를 더해서
23+4=27,
27개를 만들면 안되요?

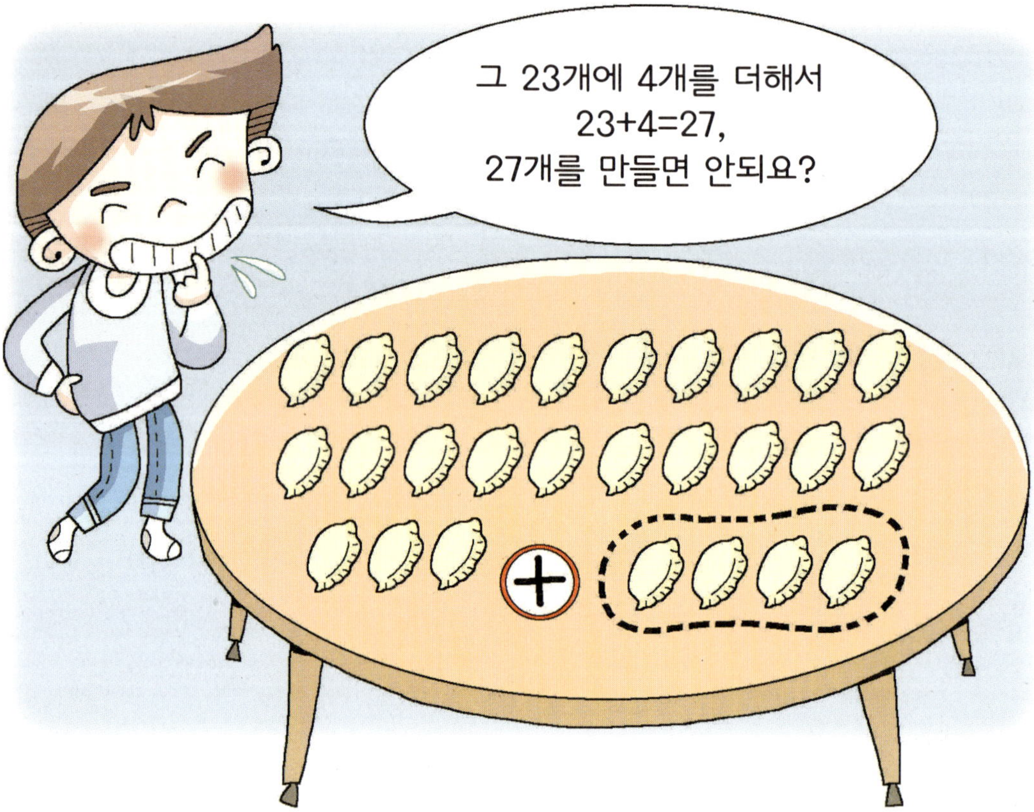

만두피가 없어서
더는 못 만든단다.

꿀꺽

그럼 그거라도
내가 다 먹어야지.

➕ 수를 모아 ☐ 안에 알맞은 수를 쓰고, 덧셈을 하세요.

17 + 4 = 21

(1)
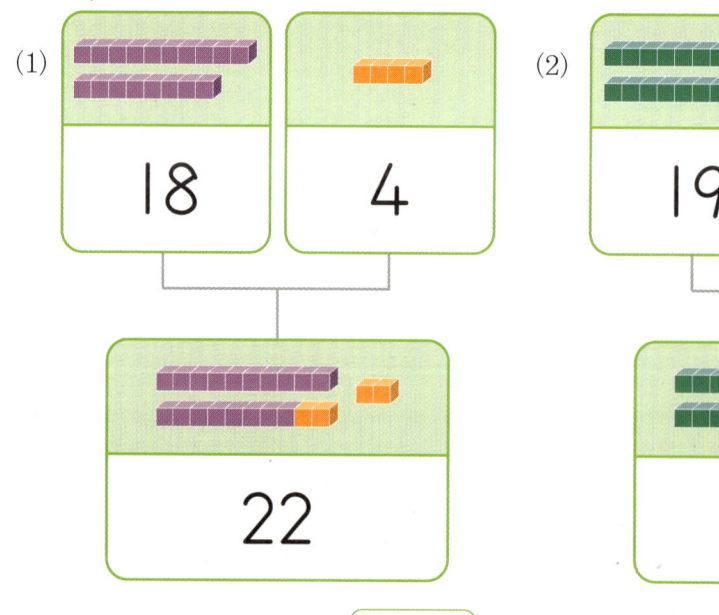

18

4

22

18 + 4 = ☐

(2)
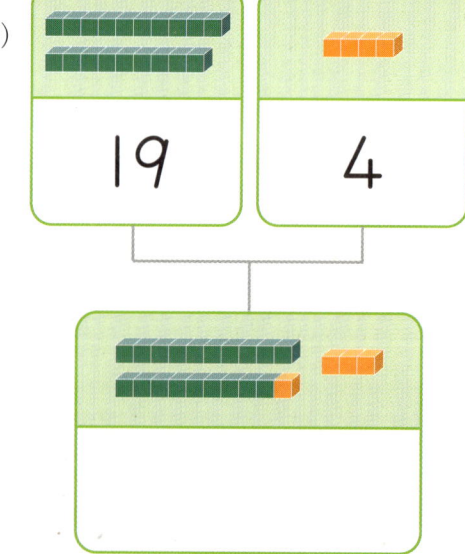

19

4

19 + 4 = ☐

 꼭꼭 구체물이나 블록의 수를 세어 보면서 큰 수와의 덧셈을 쉽게 이해하도록 합니다.

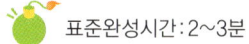
✿ 수를 모아 ☐ 안에 알맞은 수를 쓰고, 덧셈을 하세요.

(3)

20 + 4 = 24

(4)

21 + 4 = ☐

(5)

22 4

22 + 4 = ☐

(6)

23 4

23 + 4 = ☐

(7)

24 4

24 + 4 = ☐

(8)

25 4

25 + 4 = ☐

차시

38차시 더하기 4 : (1~26)+4

1단계

➕ 다음 덧셈을 하세요.

(1) 26 + 4 = ☐
이십육 더하기 사 는

*26과 4를 더하면 30이 되지요. 26+4=30이라고 쓰고, '이십육 더하기 사는 삼십과 같습니다.' 라고 읽어요.

(2) 25 + 4 = ☐
이십오 더하기 사 는

(3) 24 + 4 = ☐
이십사 더하기 사 는

(4) 23 + 4 = ☐
이십삼 더하기 사 는

(5) 22 + 4 = ☐
이십이 더하기 사 는

 꼭꼭 (두 자리 수)+(몇)의 계산에서 두 자리 수의 일의 자리 숫자와 더하는 수 4를 더하여 일의 자리에 쓰고 십의 자리 숫자는 그대로 십의 자리에 씁니다.

➕ 다음 덧셈을 하세요.

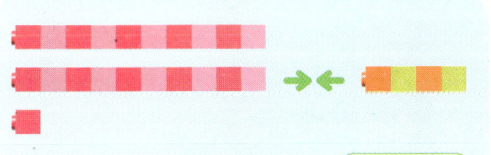

(6) 21 + 4 = ☐

(7) 20 + 4 = ☐

(8) 19 + 4 = ☐

(9) 18 + 4 = ☐

(10) 17 + 4 = ☐

(11) 16 + 4 = ☐

(12) 24 + 4 = ☐

(13) 17 + 4 = ☐
　　　　　3 ∧ 1

(14) 19 + 4 = ☐
　　　1 ∧ 3

(15) 18 + 4 = ☐
　　　2 ∧ 2

(16) 20 + 4 = ☐

(17) 25 + 4 = ☐

✚ 다음 덧셈을 하세요.

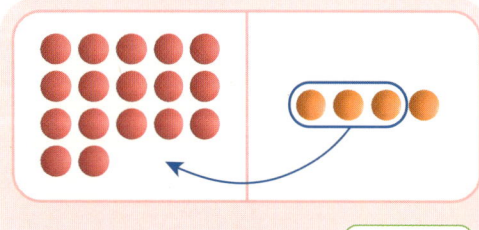

(1) $17 + 4 =$ ☐
　　　3　1

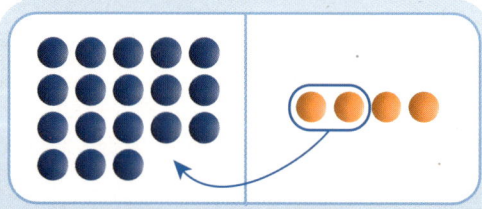

(2) $18 + 4 =$ ☐
　　　2　2

(3) $20 + 4 =$ ☐

(4) $19 + 4 =$ ☐
　　　1　3

(5) $23 + 4 =$ ☐

(6) $25 + 4 =$ ☐

(7) $26 + 4 =$ ☐

(8) $17 + 4 =$ ☐

(9) $18 + 4 =$ ☐

(10) $22 + 4 =$ ☐

(11) $19 + 4 =$ ☐

(12) $21 + 4 =$ ☐

 꼭꼭　받아올림이 있는 더하기는 더해지는 수에서 일의 자리 숫자와 더하는 수가 합이 10이 되도록 더하는 수를 갈라 계산을 하면 좀 더 쉽게 계산할 수 있습니다.

✚ 다음 덧셈을 하세요.

(13) $17 + 4 =$ 〔　　〕
　　　　　　　3　1

(14) $19 + 4 =$ 〔　　〕
　　　　　　　1　3

(15) $20 + 4 =$ 〔　　〕

(16) $18 + 4 =$ 〔　　〕
　　　　　　　2　2

(17) $22 + 4 =$ 〔　　〕

(18) $25 + 4 =$ 〔　　〕

(19) $17 + 4 =$ 〔　　〕

(20) $18 + 4 =$ 〔　　〕

(21) $19 + 4 =$ 〔　　〕

(22) $20 + 4 =$ 〔　　〕

(23) $21 + 4 =$ 〔　　〕

(24) $22 + 4 =$ 〔　　〕

(25) $23 + 4 =$ 〔　　〕

(26) $24 + 4 =$ 〔　　〕

(27) $25 + 4 =$ 〔　　〕

(28) $26 + 4 =$ 〔　　〕

4주

🍀 다음 덧셈을 하세요.

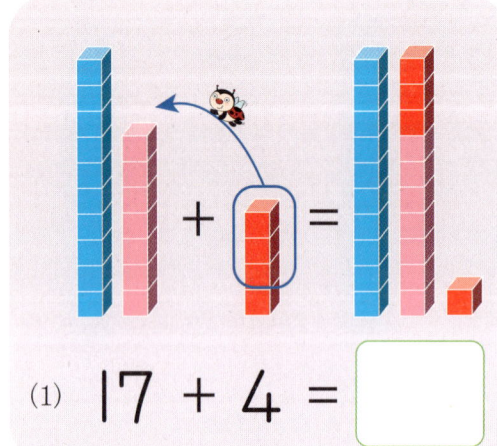

(1) 17 + 4 = ☐

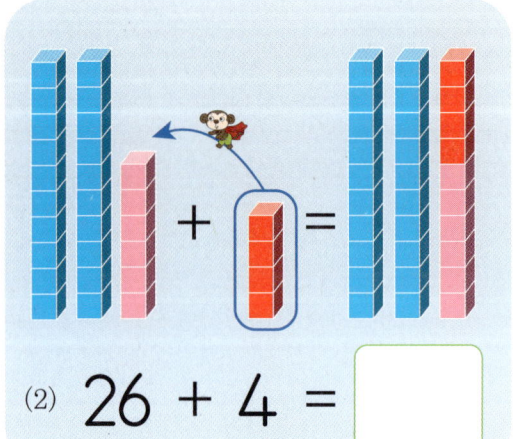

(2) 26 + 4 = ☐

(3) 19 + 4 = ☐

(4) 18 + 4 = ☐

(5) 20 + 4 = ☐

(6) 23 + 4 = ☐

(7) 25 + 4 = ☐

(8) 22 + 4 = ☐

(9) 21 + 4 = ☐

(10) 24 + 4 = ☐

(11) 19 + 4 = ☐

(12) 20 + 4 = ☐

● 다음 덧셈을 하세요.

(13)　5 + 4 =　[　]　　(14)　6 + 4 =　[　]

(15)　8 + 4 =　[　]　　(16)　9 + 4 =　[　]

(17)　13 + 4 =　[　]　　(18)　16 + 4 =　[　]

(19)　17 + 4 =　[　]　　(20)　18 + 4 =　[　]

(21)　19 + 4 =　[　]　　(22)　20 + 4 =　[　]

(23)　22 + 4 =　[　]　　(24)　25 + 4 =　[　]

(25)　24 + 4 =　[　]　　(26)　23 + 4 =　[　]

(27)　21 + 4 =　[　]　　(28)　26 + 4 =　[　]

다음 덧셈을 하세요.

(1)
$3 + 4 =$ ☐

$13 + 4 =$ ☐

$23 + 4 =$ ☐

(2)
$1 + 4 =$ ☐

$11 + 4 =$ ☐

$21 + 4 =$ ☐

(3)
$4 + 4 =$ ☐

$14 + 4 =$ ☐

$24 + 4 =$ ☐

(4)
$5 + 4 =$ ☐

$15 + 4 =$ ☐

$25 + 4 =$ ☐

(5)
$2 + 4 =$ ☐

$12 + 4 =$ ☐

$22 + 4 =$ ☐

(6)
$6 + 4 =$ ☐

$16 + 4 =$ ☐

$26 + 4 =$ ☐

꼭꼭   더해지는 수가 10씩 커지는 덧셈입니다. 따라서 계산 결과도 10씩 커짐을 알 수 있습니다.

다음 덧셈을 하세요.

(7) $2 + 4 = \boxed{}$

(8) $17 + 4 = \boxed{}$

(9) $20 + 4 = \boxed{}$

(10) $10 + 4 = \boxed{}$

(11) $15 + 4 = \boxed{}$

(12) $13 + 4 = \boxed{}$

(13) $6 + 4 = \boxed{}$

(14) $12 + 4 = \boxed{}$

(15) $16 + 4 = \boxed{}$

(16) $14 + 4 = \boxed{}$

(17) $18 + 4 = \boxed{}$

(18) $22 + 4 = \boxed{}$

(19) $24 + 4 = \boxed{}$

(20) $26 + 4 = \boxed{}$

(21) $19 + 4 = \boxed{}$

(22) $11 + 4 = \boxed{}$

💠 다음 덧셈을 하세요.

<table>
<tr><td></td><td>1</td><td>7</td><td>십칠</td></tr>
<tr><td>+</td><td></td><td>4</td><td>더하기 사는</td></tr>
<tr><td></td><td>2</td><td>1</td><td>이십일</td></tr>
</table>

🐻 0과 4를 더하면 4가 되지.

(1) $18 + 4$

	1	8
+		4

(2) $19 + 4$

	1	9
+		4

(3) $20 + 4$

	2	0
+		4

 꼭꼭 암기식으로 계산을 하여 계산력을 높이기보다는 아이가 계산 원리를 깨닫고 흥미를 가지고 풀 수 있게 합니다.

 다음 덧셈을 하세요.

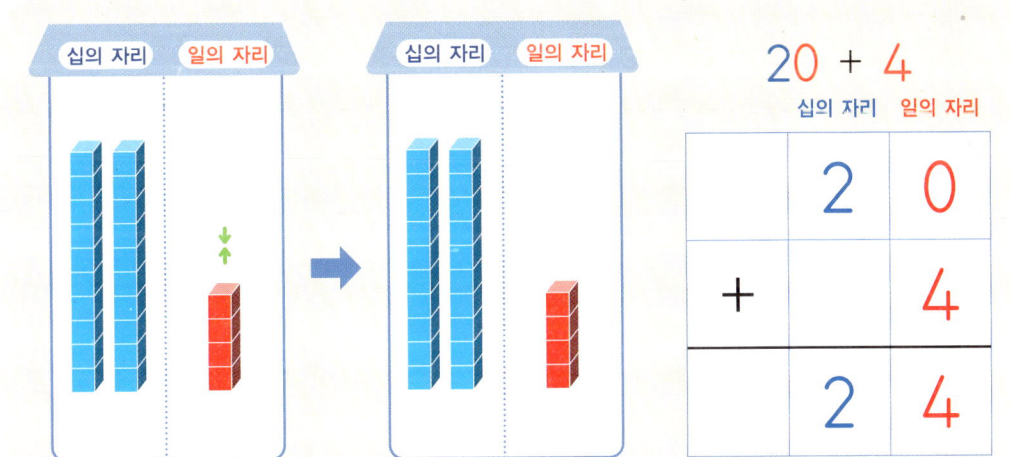

$20 + 4$

십의 자리	일의 자리
2	0
+	4
2	4

(4) $23 + 4$

	2	3
+		4

(5) $25 + 4$

	2	5
+		4

(6) $21 + 4$

	2	1
+		4

(7) $20 + 4$

	2	0
+		4

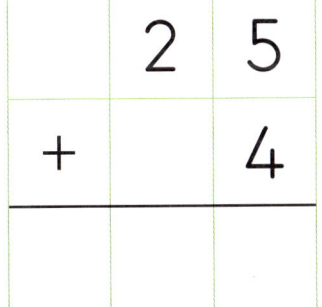

(8) $24 + 4$

	2	4
+		4

(9) $22 + 4$

	2	2
+		4

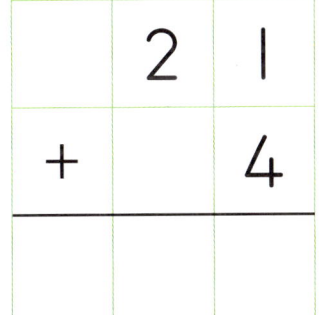

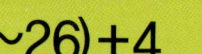

✿ 다음 덧셈을 하세요.

(1)

	1	7
+		4

(2)

	1	8
+		4

(3)

	1	9
+		4

(4)

	2	1
+		4

(5)

	2	4
+		4

(6)

	2	5
+		4

(7)

	2	3
+		4

(8)

	2	2
+		4

(9)

	2	6
+		4

다음 덧셈을 하세요.

(10)
```
  1 6
+   4
-----
```

(11)
```
  1 9
+   4
-----
```

(12)
```
  2 0
+   4
-----
```

(13)
```
  2 3
+   4
-----
```

(14)
```
  2 1
+   4
-----
```

(15)
```
  2 5
+   4
-----
```

(16)
```
  1 7
+   4
-----
```

(17)
```
  2 5
+   4
-----
```

(18)
```
  2 6
+   4
-----
```

(19)
```
  2 2
+   4
-----
```

(20)
```
  2 4
+   4
-----
```

(21)
```
  1 8
+   4
-----
```

 더해지는 수의 일의 자리 숫자가 10이 되게 더하는 수를 두 수로 가르면 받아올림이 있는 덧셈을 쉽게 할 수 있습니다.

 다음 덧셈을 하세요.

(1)
```
   1 9
+    4
─────
```

(2)
```
   2 5
+    4
─────
```

(3)
```
   1 8
+    4
─────
```

(4)
```
   2 3
+    4
─────
```

(5)
```
   1 6
+    4
─────
```

(6)
```
   1 7
+    4
─────
```

(7)
```
   2 0
+    4
─────
```

(8)
```
   2 2
+    4
─────
```

(9)
```
   2 6
+    4
─────
```

(10)
```
   2 1
+    4
─────
```

(11)
```
   2 5
+    4
─────
```

(12)
```
   2 4
+    4
─────
```

다음 덧셈을 하세요.

(13)
```
  1 6
+   4
-----
```

(14)
```
  2 2
+   4
-----
```

(15)
```
  1 9
+   4
-----
```

(16)
```
  1 7
+   4
-----
```

(17)
```
  2 1
+   4
-----
```

(18)
```
  1 8
+   4
-----
```

(19)
```
  2 3
+   4
-----
```

(20)
```
  2 0
+   4
-----
```

(21)
```
  2 4
+   4
-----
```

(22)
```
  2 6
+   4
-----
```

(23)
```
  2 5
+   4
-----
```

(24)
```
  1 5
+   4
-----
```

✿ 다음 덧셈을 하세요.

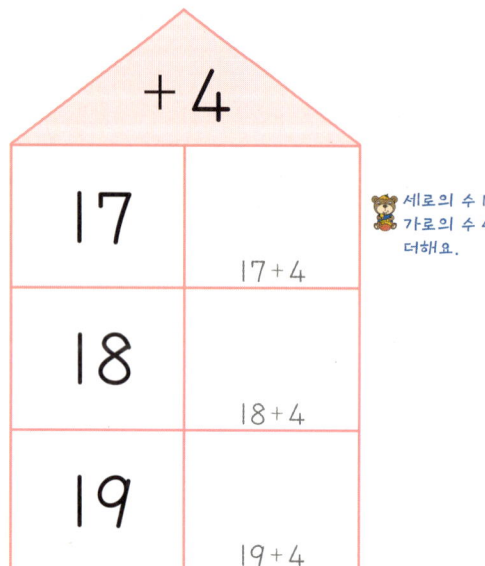

세로의 수 17과
가로의 수 4를
더해요.

+4	
17	17+4
18	18+4
19	19+4

+4	
20	
21	
22	

+4	
23	
24	
25	

+4	
26	
23	
21	

다음 덧셈을 하세요.

+	4
7	7 + 4
9	9 + 4
11	11 + 4
18	18 + 4
22	22 + 4
25	25 + 4
17	17 + 4

세로의 수 7과
가로의 수 4를
더해요.

+	4
6	
12	
15	
21	
24	
26	
8	

 꼭꼭　아이가 문제를 풀기 어려워할 경우 세로셈으로 더하기를 나타내어 보고 자릿값에 맞춰 계산을 할 수 있게 합니다.

◆ 다음 덧셈을 하세요.

+	4
5	5+4
10	10+4
20	20+4
17	17+4
14	14+4
23	23+4
15	15+4

+	4
4	
14	
3	
16	
8	
20	
13	

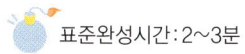
 다음 덧셈을 하세요.

+	26	25	24	23	22
4					
	26+4	25+4	24+4	23+4	22+4

가로의 수 26과
세로의 수 4를
더해요.

+	21	20	19	18	17
4					

+	18	22	19	25	24
4					

✚ ☐ 안에 알맞은 수를 써넣어 덧셈식을 완성하세요.

☐ + ☐ = ☐

☐ + ☐ = ☐

 더하기는 더해지는 수와 더하는 수로 나누어져 있습니다. 그림을 보면서 덧셈의 구조를 이해하고 모두 몇인지 알아보며 계산을 할 수 있도록 합니다.

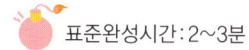
➕ 그림에 알맞은 덧셈식을 찾아 ◯표 하세요.

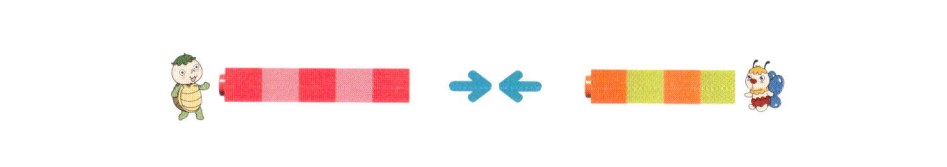

$6+4=10$ $5+4=9$ $1+4=5$

$15+4=19$ $13+4=17$ $14+4=18$

4주

$26+4=30$ $24+4=28$ $14+4=18$

➕ ☐ 안에 알맞은 수를 써넣어 덧셈식을 완성하세요.

$18 + \boxed{} = 22$

$22 + \boxed{} = 26$

$25 + \boxed{} = 29$

 구체물의 수를 세면서 더하는 수가 몇인지 알아보고 덧셈식의 관계를 이해하게 합니다.

➕ 덧셈을 하고, 계산 결과가 가장 큰 덧셈에 색칠하세요.

똑같이 더하기 4이니까 더해지는 수가 가장 크면 가장 큰 덧셈이야.

$6 + 4$　　$8 + 4$　　$10 + 4$

$17 + 4$　　$13 + 4$　　$15 + 4$

4주

$24 + 4$　　$26 + 4$　　$22 + 4$

 세 개의 덧셈의 답을 쓰고, 가장 큰 덧셈을 찾아봅니다. 모두 더하기 4이므로 더해지는 수가 가장 큰 수가 가장 큰 덧셈이 된다는 것을 직관적으로 알게 합니다.

공부한 날 ◯ 월 ◯ 일

✿ 다음 계산을 하세요.

(1) $5 + 2 =$

(2) $6 + 3 =$

(3) $15 + 3 =$

(4) $12 - 1 =$

(5) $10 - 3 =$

(6) $20 - 2 =$

(7) $3 + 4 =$

(8) $5 + 4 =$

(9) $7 + 4 =$

(10) $9 + 4 =$

(11) $18 + 4 =$

(12) $17 + 4 =$

(13) $15 + 4 =$

(14) $22 + 4 =$

(15) $24 + 4 =$

(16) $26 + 4 =$

틀린 개수	0~2	3~6	7~12	13개 이상
평가	아주 잘함	잘함	보통	노력 바람

채점을 하고, 틀린 개수에 맞게 ○하세요

(17) 4 + 3 =

(18) 6 + 2 =

(19) 18 − 3 =

(20) 10 − 1 =

(21) 13 + 4 =

(22) 16 + 4 =

(23) 21 + 4 =

(24) 23 + 4 =

(25) 26 + 4 =

(26) 7 + 4 =

(27) 18 + 4 =

(28) 22 + 4 =

(29) 9 + 3 =

(30) 17 − 2 =

(31) 8 + 4 =

(32) 4 + 4 =

(33) 15 − 3 =

(34) 8 − 1 =

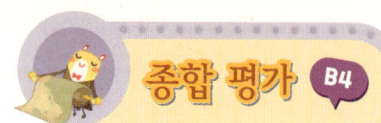
다음 계산을 하세요.

(35)
```
    2
+   1
─────
```

(36)
```
    7
+   3
─────
```

(37)
```
    9
+   2
─────
```

(38)
```
  1 3
−   3
─────
```

(39)
```
  1 5
−   2
─────
```

(40)
```
  1 7
−   1
─────
```

(41)
```
  1 2
+   4
─────
```

(42)
```
    2
+   4
─────
```

(43)
```
  2 6
+   4
─────
```

(44)
```
    7
+   4
─────
```

(45)
```
  1 8
+   4
─────
```

(46)
```
  2 3
+   4
─────
```

기초계산 **B4**

정답 및 지도서

자르는 선을 따라 잘라 보관하여, 채점할 때 사용하세요.

1주 더하기 · 빼기의 관계②

지도 방법

① 본 단원의 학습에 들어가기 전에 지금까지 배운 더하기 3, 빼기 3까지의 계산을 충분히 연습시켜 주세요.

② 1부터 20까지의 수를 순서대로 세어 보거나 거꾸로 세어 보는 연습을 충분히 시켜 주세요.

③ 아이가 더하기와 빼기의 개념을 이해하기 힘들어 한다면 구슬이나 사탕 등의 구체물을 가지고 세어 보거나, 그림을 그려서 더하기와 빼기의 상황을 만들어 보는 활동을 통하여 개념을 한 번 더 설명해 주세요.

④ 아이가 암산을 능숙하게 하기 위해서는 머릿속으로 충분히 생각한 후 문제를 풀도록 합니다.

⑤ 아이가 계산식을 풀 때 어떤 방법을 이용했고, 왜 그 방법을 썼는지 물어 보세요. 질문에 대답하는 과정에서 개념을 구체화시키고 개념을 얼마나 잘 이해하고 있는지 알 수 있습니다.

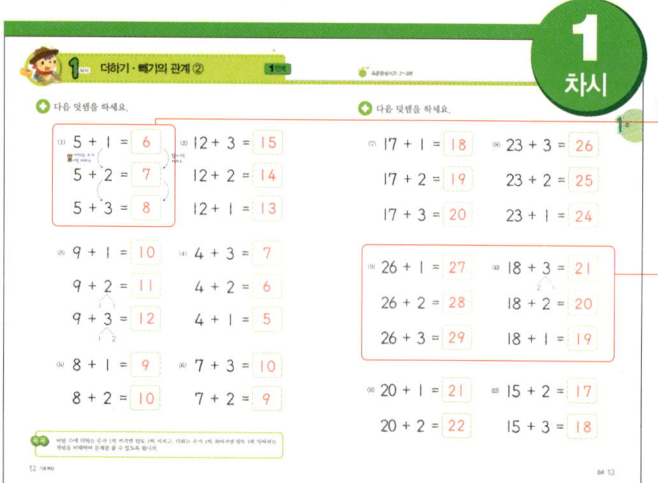

1 차시

12~13쪽

- 5에 1씩 큰 수를 더하니까 답도 1씩 커지고 있구나. 이렇게 어떤 수에 더하는 수가 1씩 커지면 그 답도 1씩 커진단다.

- 왼쪽 문제들은 더해지는 수에 1씩 큰 수를 더하고 있고, 오른쪽 문제들은 1씩 작은 수를 더하고 있어. 이제 좀 더 쉽게 답을 알아낼 수 있겠지?

2 차시

14~15쪽

- 덧셈에서는 더해지는 수와 더하는 수를 바꾸어 더해도 그 답은 항상 같단다.

- 더하기 1은 다음의 수와 같고, 더하기 2는 다음 다음의 수, 더하기 3은 다음 다음 다음의 수와 같단다.

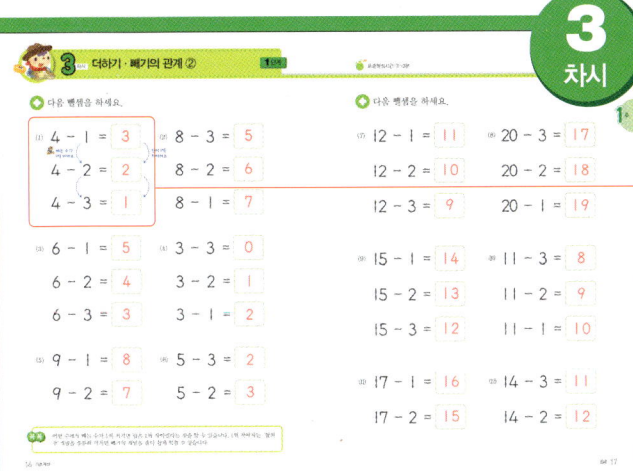

16~17쪽

- 4-1, 4-2, 4-3을 순서대로 풀어 보자. 빼는 수가 1씩 커지니까 그 답은 1씩 작아지는구나.

- 어떤 수에서 빼는 수가 1씩 커지면 답은 1씩 작아지고, 빼는 수가 1씩 작아지면 답은 1씩 커진단다.

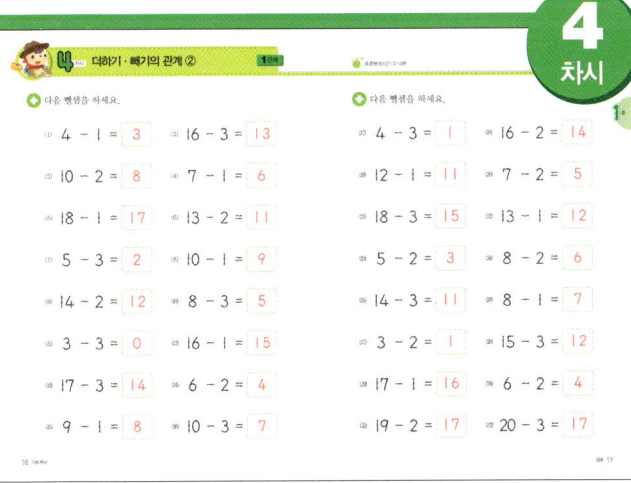

18~19쪽

- 빼어지는 수와 빼는 수가 모두 다른 뺄셈식이란다. 수를 잘 보지 않고 풀다 보면 실수로 답을 잘못 구할 수가 있어.

- 빼기 1은 1 작은 수, 빼기 2는 2 작은 수, 빼기 3은 3 작은 수라는 것을 생각하면서 풀어 보자.

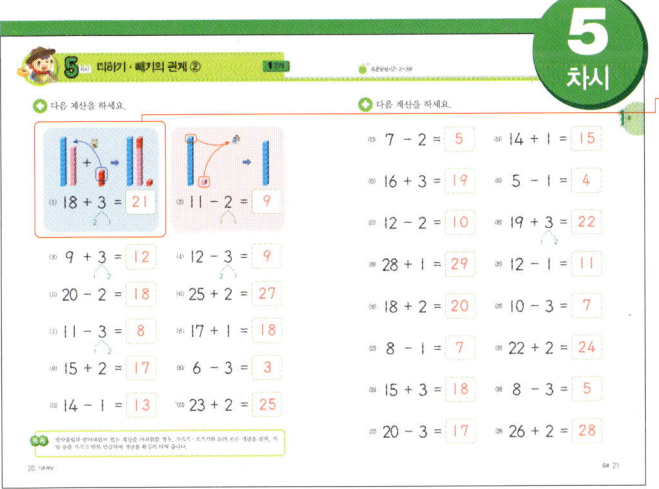

20~21쪽

18 더하기 3은 얼마일까? 블록을 보면서 알아볼까? 먼저 낱개 블록 3개 중에서 2개를 빼서 18개의 블록에게 주면 20개가 되겠지. 낱개 블록 1개가 남아 있으니까 더하면 21이 되겠구나.

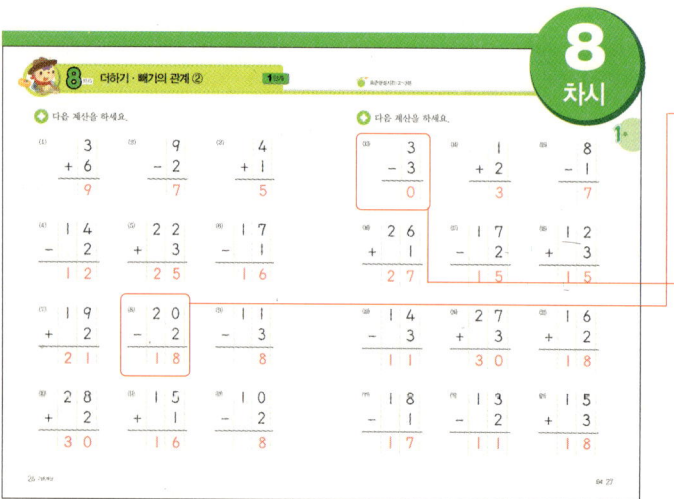

6 차시

6 더하기 · 빼기의 관계 ②

다음 계산을 하세요.

(1) 4 + 3 = 7   (2) 16 - 2 = 14

(3) 13 - 1 = 12   (4) 28 + 2 = 30

(5) 14 + 3 = 17   (6) 15 - 1 = 14

(7) 18 - 2 = 16   (8) 17 + 3 = 20

(9) 12 - 3 = 9   (10) 23 + 1 = 24

(11) 9 + 2 = 11   (12) 11 - 3 = 8

(13) 19 - 1 = 18   (14) 8 + 1 = 9

(15) 27 + 2 = 29   (16) 14 - 3 = 11

다음 계산을 하세요.

(17) 16 + 3 = 19   (18) 19 - 3 = 16

(19) 6 + 2 = 8   (20) 8 - 2 = 6

(21) 12 - 3 = 9   (22) 9 + 3 = 12

(23) 18 + 2 = 20   (24) 20 - 2 = 18

(25) 4 + 3 = 7   (26) 7 - 3 = 4

(27) 11 - 2 = 9   (28) 9 + 2 = 11

(29) 5 + 1 = 6   (30) 6 - 1 = 5

(31) 17 - 2 = 15   (32) 15 + 2 = 17

22~23쪽

• 28 더하기 2를 해 보자. 28보다 2 큰 수이니까 29, 30, 30이 답이 되겠구나.

• 덧셈과 뺄셈의 계산이 섞여 있어. 더하기를 빼기로 잘못 보거나, 빼기를 더하기로 잘못 보아서 틀리는 경우가 있을 수 있으니까 잘 살펴봐야 해.

---

7 차시

7 더하기 · 빼기의 관계 ②

24~25쪽

• 9 더하기 2를 세로셈으로 풀어 볼까? 세로셈에서도 가르기를 이용해서 풀면 쉽게 풀 수 있어. 2를 1과 1로 가르기한 다음에 9와 1을 더하면 10이 되지? 남은 1을 더해 주면 답은 11이 된단다.

• 세로셈을 할 때는 자리를 잘 맞추어서 답을 써야 한다는 것을 잊지 마렴.

---

8 차시

8 더하기 · 빼기의 관계 ②

26~27쪽

• 20 빼기 2는 무엇일까? 빼기 2는 2 작은 수라고 했었지? 1 작은 수는 19, 또 1 작은 수는 18이니까 답은 18이 되겠지.

• 접시 위에 사과가 3개 있었는데 동생이 사과 3개를 먹었어. 남아 있는 사과는 몇 개일까? 남은 것이 아무것도 없겠지. 아무것도 없는 것은 '0' 이라고 써.

- 세로에 있는 수에 가로의 수 2를 더하는 문제구나? 세로에 있는 수보다 2 큰 수를 생각해서 풀어 보면 되겠지.

- 이번에는 세로에 있는 수에서 2를 빼어 답을 써 보자.

- 11 빼기 2와 같이 빼어지는 수의 일의 자리 숫자가 빼는 수보다 작은 수일 때는 11보다 2 작은 수를 생각해서 풀어도 된단다.

- 수만 보고 답을 써 보렴. 처음에는 머릿속으로 계산하여 답을 쓰는 것이 힘들지만 연습하다 보면 척척 풀 수 있게 된단다.

32~33쪽

덧셈식에서 더해지는 수나 더하는 수는 뺄셈식의 빼는 수나 차가 되고, 덧셈식에서의 합이 뺄셈식에서의 빼어지는 수가 된단다.

34~35쪽

덧셈식을 만들 때는 답이 가장 큰 수가 되어야 하고, 뺄셈식을 만들 때는 빼어지는 수가 가장 큰 수가 되도록 해야 한단다.

체크 포인트

① 학습이 끝난 후에 아이가 계산을 얼마나 능숙하게 할 수 있는지 간단한 테스트를 해 보세요. 틀린 문제나 아이가 연습이 더 필요한 문제는 연습장에 옮겨 적어 반복 학습을 해 주세요.

② 아이가 받아올림이나 받아내림이 있는 계산을 어려워할 때에는 ~ 큰 수, ~ 작은 수를 생각해서 답을 찾을 수 있도록 도와 주세요.

정답 및 지도서 B4

2주 더하기 4 : (1~6)+4

지도 방법

❶ 더하기 4의 학습에 들어가기 전에 지금까지 배운 더하기나 빼기 개념을 잘 이해하고 있는지 얼마나 잘 계산할 수 있는지 확인해 주세요.

❷ 더하기 4는 다음의 수나 더 큰 수로 풀기에는 무리가 따릅니다. 아이가 더하기 3의 계산에 능숙하다면 더하기 3한 것보다 1 큰 수를 찾는 것이 더하기 4라는 것을 설명해 주세요. 그러나 아이가 어려워 할 경우에는 다음 다음 다음 다음의 수가 더하기 4라는 사실을 알려 주어 답을 구하게 할 수도 있습니다.

❸ 처음에는 구체물을 세어 보거나, 그림을 그려 보는 활동으로 더하기 4의 개념을 연습할 수 있도록 해 주세요. 충분히 연습한 후에는 구체물 없이 덧셈식을 풀 수 있도록 지도해 주세요.

❹ 가로셈과 세로셈 연습을 꾸준히 하여 다양한 방식의 계산에 익숙해질 수 있도록 도와 주세요.

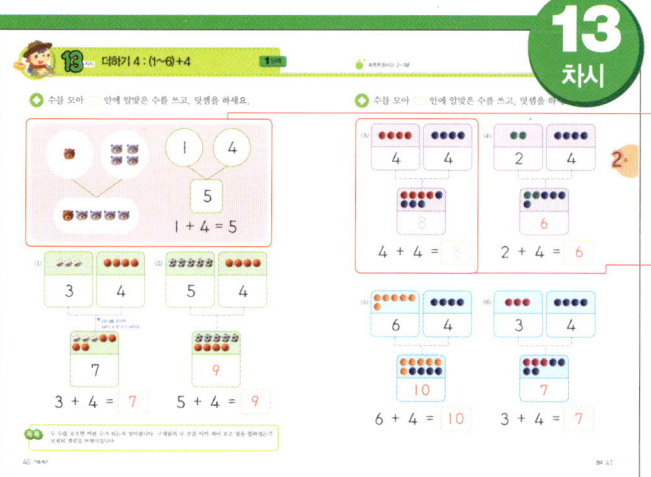

13 차시

40~41쪽

- 곰 1마리와 4마리가 있구나? 곰은 모두 몇 마리일까? 그래 5마리이지? 이것을 덧셈식으로는 1+4=5라고 나타낸단다.

- 빨간 구슬 4개와 파란 구슬 4개를 모으면 모두 몇 개일까? 이제 4+4의 답이 무엇인지 알았니?

14 차시

42~43쪽

- 색 블록 1개와 색 블록 4개를 더하면 모두 5개가 되지? 덧셈식으로는 '1+4=5'라고 쓰고 '1 더하기 4는 5'라고 읽는단다.

- 블록을 세어 보면서 답을 쓴 다음에 덧셈식을 엄마와 같이 큰 소리로 읽어 보자.

44~45쪽

- 6 더하기 4는 무엇일까? 왼쪽에 있는 블록과 오른쪽에 있는 블록의 개수를 세어 보면 모두 몇 개인지 알겠지? 이제 6+4=10이라고 답을 써 볼까?

- 덧셈식이 많이 있구나? 차근차근 하나씩 풀어 보자.

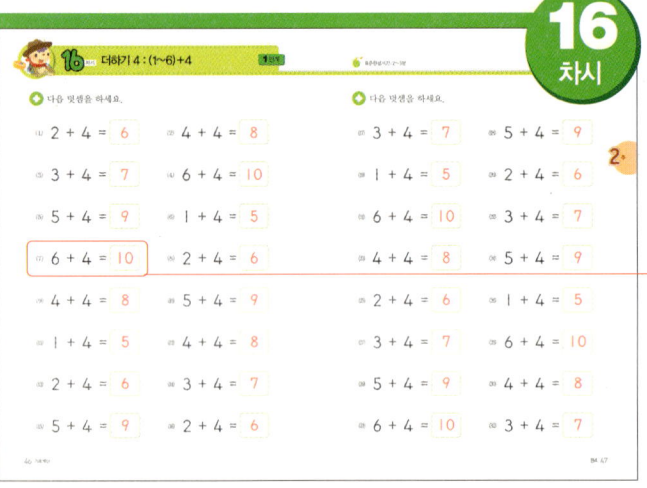

46~47쪽

- 6 더하기 4는? 그래, 6보다 4 큰 수니까 10이지. 특히 두 수를 더해서 10이 되는 수는 잘 기억해 두렴.

- 덧셈식만 보고 풀어 보도록 하자. 더하기 4는 어떤 수보다 4 큰 수를 말한다고 했지? 머릿속으로만 생각해서 답을 써 보렴.

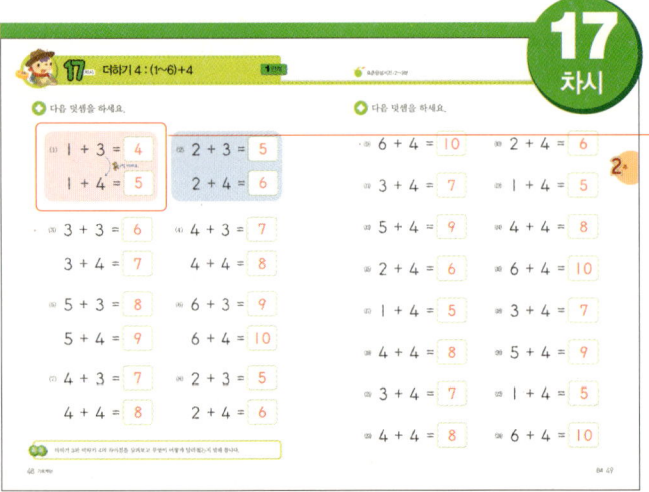

48~49쪽

- 1 더하기 3은? 1 더하기 4는? 그래, 맞았어. 더하는 수가 1 커지면 답도 1 커진단다.

- 엄마가 더하기 문제를 낼 테니까 머릿속으로 생각해서 답을 말해 보렴. 자, 이제 네가 생각한 답이 맞았는지 바둑돌을 가지고 직접 세어 보면서 알아볼까?

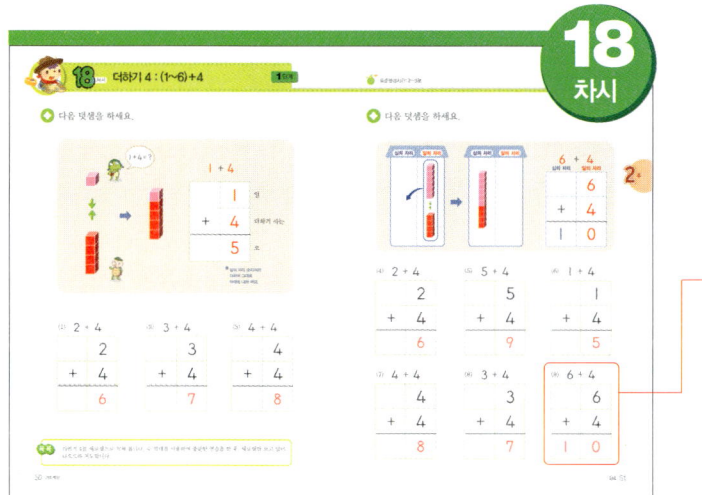

50~51쪽

- 세로셈이구나? 위에 있는 숫자와 아래에 있는 숫자를 더해서 나오는 답을 그대로 아래에 내려 쓰면 된단다.

- 6 더하기 4는? 그래, 10이지. 10은 두 자리 수니까 십의 자리에는 1을, 일의 자리에는 0을 써야 한단다.

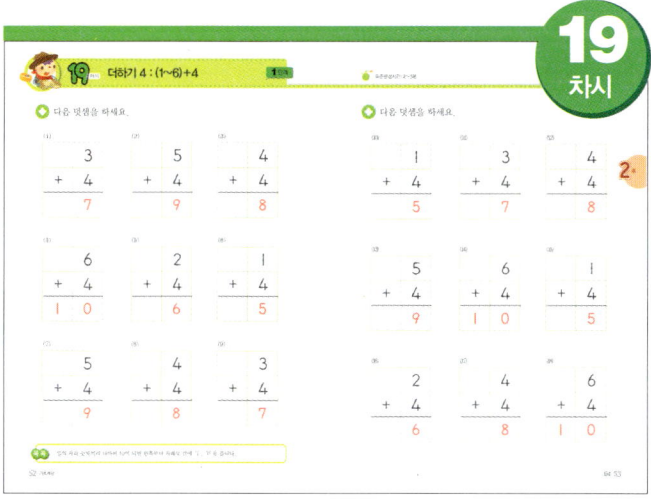

52~53쪽

- 세로셈 문제에서는 자릿수에 잘 맞추는 것이 중요해. 우리 ○○ 힘들어도 끝까지 잘 할 수 있지?

- 이렇게 수학 공부를 열심히 하는 모습을 보니까 엄마는 우리 ○○가 너무 예쁘고 자랑스럽단다.

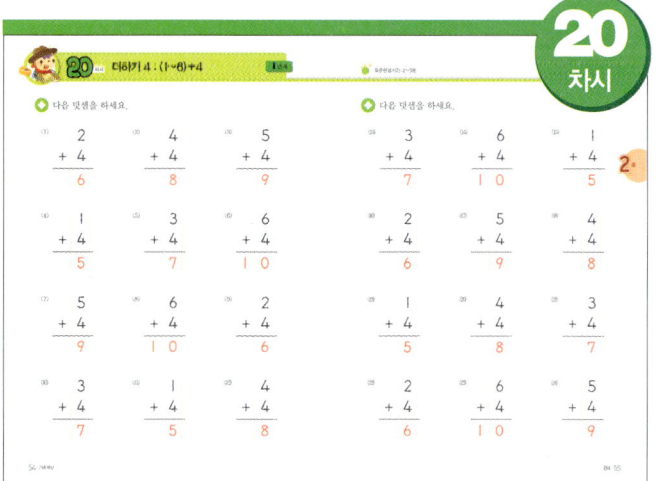

54~55쪽

- 이번에는 엄마가 우리 ○○가 얼마나 빨리 풀 수 있는지 시간을 재어 볼게. 답을 정확하게 구하는 것도 중요하지만 빠른 시간 내에 문제를 푸는 것도 중요하단다.

- 어떤 수보다 4 큰 수라는 것을 생각하면서 풀어 보렴, 자 시작!

56~57쪽

- 가로셈과 세로셈 연습을 많이 했으니까 이제 다른 모양의 문제도 풀어 보자. 세로의 수에 가로에 있는 4를 더해서 답을 써 내려가면 된단다.

- 잘 모르면 빈칸에 작게 식을 써 놓고 풀 수도 있어. 쉽게 답을 알 수 있는 것은 바로 답을 적어 보렴.

58~59쪽

- 더해지는 수가 1씩 작아지니까 답도 1씩 작아지는구나? 그럼 더해지는 수가 1씩 커지면 답이 어떻게 되는지도 알아볼까?

- 가로의 수에 모두 4를 더해서 답을 써 보렴.

60~61쪽

- 그림의 개수를 잘 세어 보고 어떤 식인지 찾아보자. 똑같이 4를 더하는 것이니까 더해지는 수와 답을 잘 살펴보면 되겠지?

- 블록 4개와 4개를 합하면 모두 몇 개가 되는지 세어 보고 어떤 식으로 나타낼 수 있는지 ○해 볼까?

62~63쪽

- 강아지 3마리와 고양이 4마리를 합하면 모두 7마리가 되겠지? 그럼 3에 어떤 수를 더해야 7이 되는지 알 수 있겠니?

- 더하는 수가 4일 때 어떤 덧셈식이 가장 클까? 그래, 맞아 더해지는 수가 가장 큰 식이 가장 크겠지?

체크 포인트

① 학습이 끝난 후에 아이가 개념을 잘 이해하고 있는지, 얼마나 계산을 잘 할 수 있는지 확인해 주세요. 개념 이해가 부족하다면 바둑돌과 사탕을 세어 보면서 이해할 수 있도록 다시 설명해 주시고, 계산력이 부족하다면 더 많은 문제를 풀어 볼 수 있도록 해 주세요.

② 수의 관계를 파악하여 답을 더 빨리 찾을 수 있도록 유도해 주세요. 예를 들어 똑같은 수를 더할 때 더해지는 수가 1씩 커지거나 1씩 작아지면 답도 1씩 커지거나 1씩 작아진다는 것을 알게 해 주세요.

③주 더하기 4 : (1~16)+4

지도 방법

❶ (1~16)+4의 학습에 들어가기 전에 지금까지 배운 더하기 연습을 충분히 해 주세요.

❷ 더해지는 수가 커졌기 때문에 아이가 어려워 할 수 있습니다. 처음에는 ○를 그려서 세어 보는 방법, 구체물을 가지고 와서 세어 보는 방법, 다음 다음 다음 다음의 수를 이용하여 푸는 방법 등을 이용하여 충분히 연습을 시켜 주세요.

❸ 큰 수의 더하기를 할 때에는 수 가르기를 이용하면 훨씬 쉽게 문제를 풀 수 있습니다. 평소에도 수 가르기와 수 모으기를 능숙하게 할 수 있도록 연습을 시켜 주세요.

❹ 받아올림이 있는 더하기 4를 하는 여러 가지 방법을 설명해 주시고 그중에서 아이가 가장 편하게 생각하는 방법으로 풀 수 있도록 지도해 주세요. 또 어떤 방법을 이용해서 풀어 보았는지 아이와 함께 이야기해 봄으로써 아이 스스로 개념을 확립시킬 수 있도록 해 주세요.

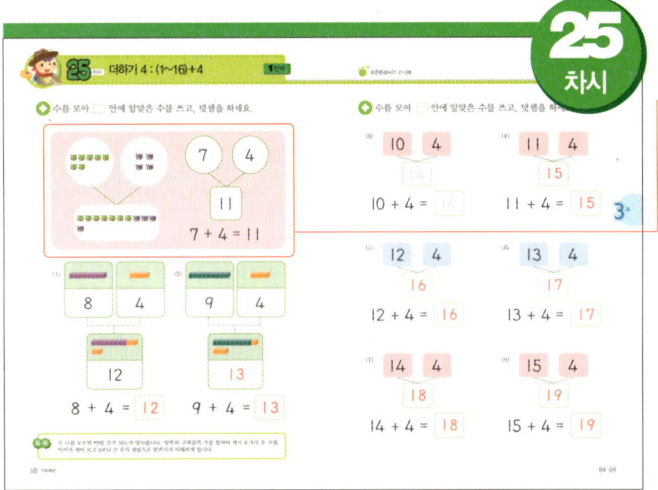

25 차시

68~69쪽

• 그림을 보고 수 모으기를 해 보자. 곰 7마리와 4마리를 모으면 모두 몇 마리인지 세어 보자. 이것을 덧셈식으로 나타내면 7+4=11이라고 쓸 수 있단다.

• 수만 보고 모으기 하는 것이 어려우면 그 수만큼 ○를 그려서 알아보아도 된단다.

26 차시

70~71쪽

• 블록을 세어 보면서 답을 써 보자. 더해지는 수가 1씩 커지면 답도 1씩 커진다고 했었지.

• 다람쥐가 도토리를 10개 가지고 있었는데 4개를 더 주었단다. 그럼 도토리는 모두 몇 개가 될까? 그래, 모두 14개가 되겠지?

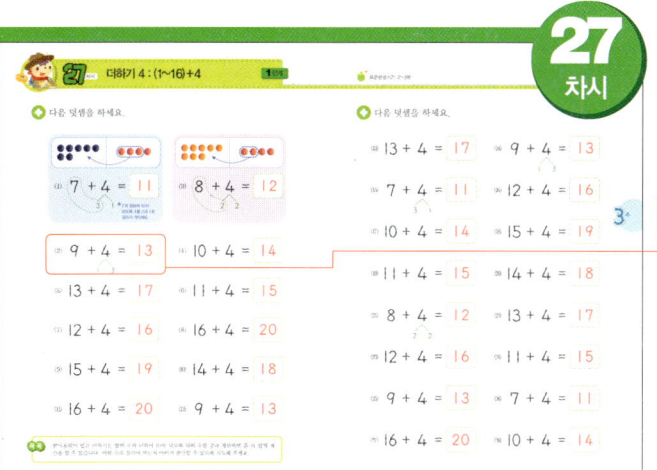

72~73쪽

- 더해지는 수가 10이 되도록 더하는 수를 가르기 해 보자.

- $9 + 4 = 13$

  $1 \quad 3$

❶ 4를 1과 3으로 가르기 해 보자.

❷ $9 + 1 = 10$

❸ $10 + 3 = 13$

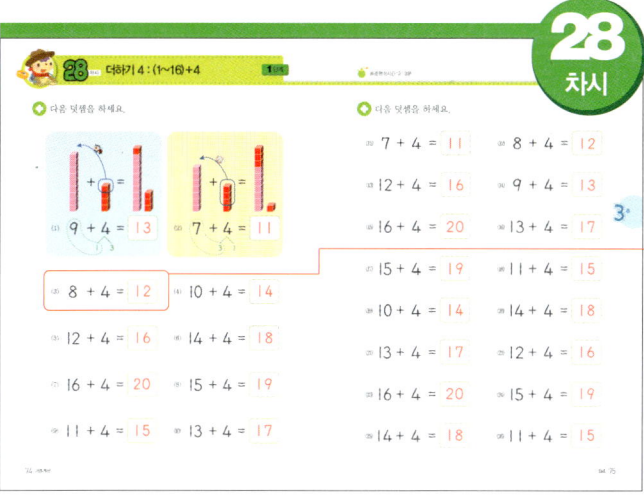

74~75쪽

- 8 더하기 4를 해 보자. 8을 10으로 만들려면 2가 필요하니까 4를 2와 2로 가르기 해서 더해 주면 되겠구나.

- 이번에는 ○○가 쉽게 답을 구할 수 있는 방법으로 더하기를 해 보렴.

76~77쪽

- 12 더하기 4를 해 볼까? 일의 자리 숫자끼리 더하면 6이 나오지? 십의 자리 숫자는 더하는 수가 없으니까 십의 자리에 그대로 1이라고 쓰면 된단다.

- 덧셈식만 보고 머릿속으로 생각해서 답을 써보자. 쉬운 문제부터 풀어 보렴.

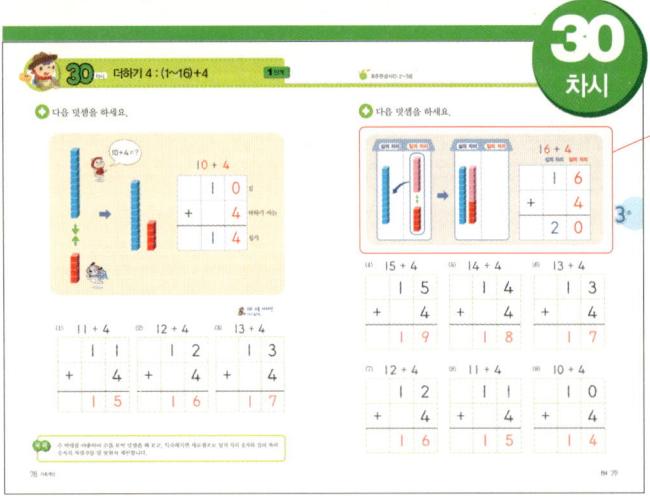

78~79쪽

16 더하기 4를 해 보자. 왼쪽의 그림을 볼까? 낱개끼리 합하면 10개짜리 1묶음이 되지? 이것을 십의 자리에 옮겨 놓으면 10개짜리 2묶음이 되는구나. 이제 16+4=20이라고 쓰면 되겠지.

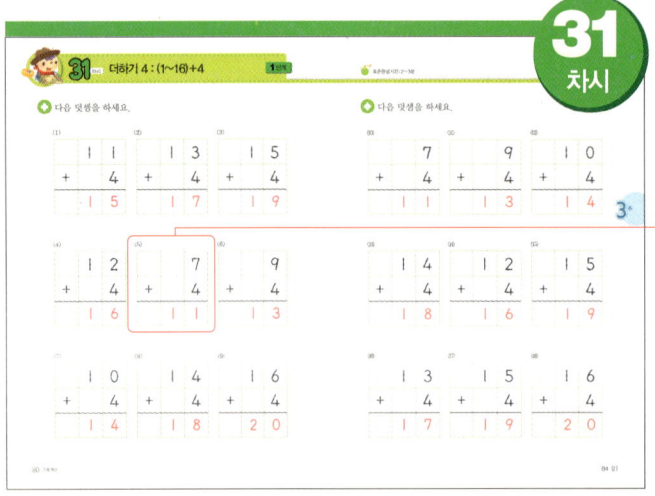

80~81쪽

7+4를 가로셈으로 고쳐서 풀어 볼까?

$7 + 4 = 11$

　　3　　1

❶ 4를 3과 1로 가르기 하는 거야.

❷ $7 + 3 = 10$

❸ $10 + 1 = 11$

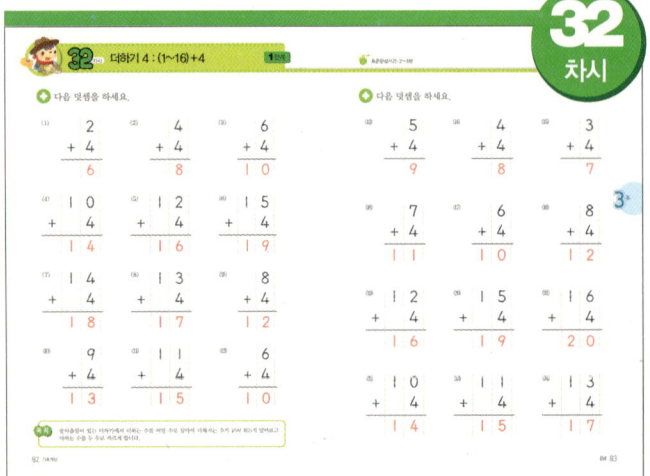

82~83쪽

• 이제 세로셈도 척척 잘 해내는구나? 이렇게 자꾸 연습하다 보면 수만 보고도 답을 척척 알 수 있게 된단다.

• 이번에는 머릿속으로만 생각해서 풀어 보자. 연습하다 보면 어려운 문제도 척척 풀 수 있을 거야.

84~85쪽

- 더해지는 수들이 1씩 커지고 있구나? 더해지는 수가 1씩 커지면 답도 1씩 커진다는 사실을 기억하면서 풀어 보렴.
- 세로에 있는 수들과 가로에 있는 4를 더해서 답을 써 보렴.

86~87쪽

- 가로에 있는 수에 4를 더해서 답을 써 보자. 작게 식을 써놓고 풀어도 된단다.
- 우리 ○○가 얼마나 빨리 풀 수 있는지 엄마가 시간을 재어 볼게. 답을 다 맞는 것도 중요하지만 빠른 시간에 답을 구해서 쓸 수도 있어야 된단다.

88~89쪽

- 7에 어떤 수를 더해야 11이 될까? 왼쪽과 오른쪽에 있는 돌고래의 수를 각각 세어 보고 답을 써 볼까?
- 블록이 모두 13개 있어, 그런데 4개를 더 주고 있구나? 이것을 덧셈식으로 바르게 나타낸 식을 찾아서 ○ 해 보자.

90~91쪽

- 사자가 16마리가 있어. 몇 마리가 더 있어야 20마리가 될까? 20이 될 때까지 ○를 그린 후에, ○를 몇 개 그렸는지 그 수를 세어 답을 써 보자.
- 어떤 수에 똑같은 수를 더할 때 더해지는 수가 클수록 더 큰 덧셈식이라고 했었지? 직접 계산해 보고 맞는지 확인해 볼까?

체크 포인트

① 학습이 끝나면 간단한 필산이나 구두 테스트로 아이의 실력을 점검하도록 합니다. 부족한 부분에 대한 반복 학습을 하도록 합니다.

② 아이가 반복되는 계산 연습으로 지루해 할 수 있습니다. 아이에게 억지로 풀도록 강요하기보다는 칭찬과 격려를 해 주면서 아이가 즐겁게 문제를 풀 수 있도록 도와 주세요. 흥미를 잃기 시작하면 학습의 효과가 떨어집니다.

정답 및 지도서 B4

지도 방법

① 학습에 들어가기 전에 지금까지 배운 덧셈을 아이가 잘 하고 있는지 확인해 주세요. 문제를 푸는 데 시간이 오래 걸리거나 오답이 절반 이상이면 지금까지 배운 내용을 복습해 주세요. 또 아이가 어려워하는 부분은 꾸준히 지도하고 연습시켜서 능숙하게 풀 수 있도록 지도해 주세요.

② 더하는 수가 커질수록 다음 다음 다음 다음의 수를 찾아 답을 구하기, 그림으로 그려 세어 보기, 구체물을 가지고 세어 보기 등으로 문제를 푸는 데 어려움이 있을 수 있습니다. 더해지는 수가 10이 되게 더하는 수를 두 수로 가르기 하여 문제를 좀 더 쉽게 풀 수 있도록 지도해 주세요.

③ 아이가 개념을 충분히 이해하고 문제 푸는 데 익숙해지면 암산으로 문제를 풀게 해 주세요. 암산으로 푸는 연습을 충분히 하면 훨씬 빠른 속도로 문제를 풀어 낼 수 있습니다.

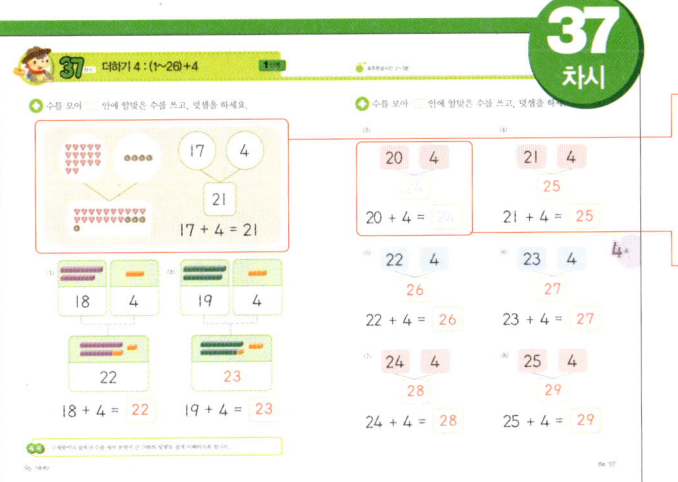

37차시

96~97쪽

• 하트 모양의 도넛이 17개, 둥근 모양의 도넛이 4개 있단다. 이것을 모으면 도넛이 모두 몇 개가 되는지 세어 보자.

• 20과 4를 모으면 어떤 수가 되는지 알아보자. 수만 보고는 잘 모르겠으면 ○를 그려서 알아보아도 된단다.

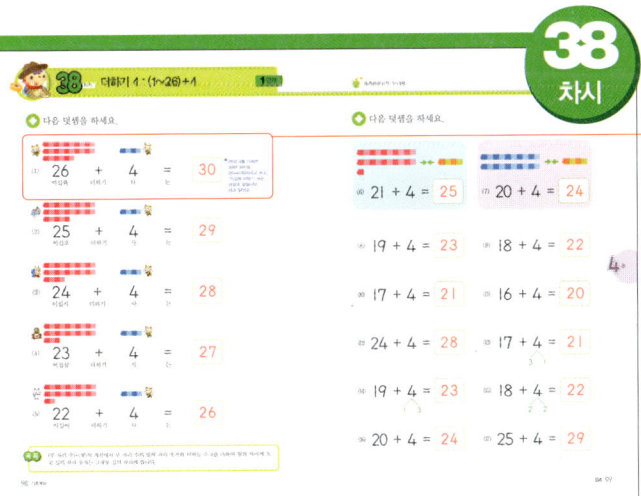

38차시

98~99쪽

26 더하기 4는 얼마일까? 블록을 세어 보자. 모두 30개구나?
이것을 '26+4=30' 이라고 쓰고, '26 더하기 4는 30' 이라고 읽어. 자, 그럼 엄마랑 큰 소리로 읽어 볼까?

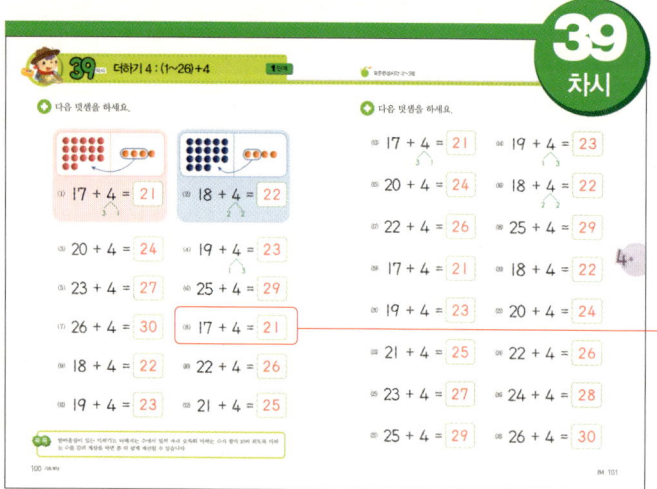

100~101쪽

$17 + 4 = 21$

3   1

❶ 4를 3과 1로 가르기를 해 보자.

❷ $17 + 3 = 20$

❸ $20 + 1 = 21$

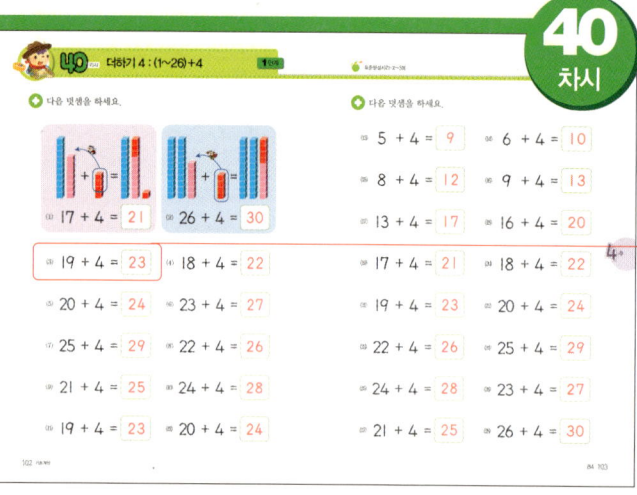

102~103쪽

19 더하기 4를 풀어 보자. 4를 어떤 수들로 가르기 해야 할까? 그래, 19가 20이 되려면 1이 필요하니까 4를 1과 3으로 가르기 하면 되겠구나.

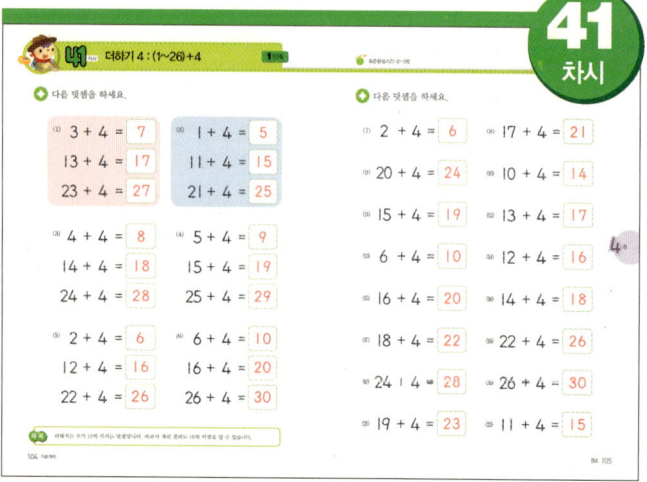

104~105쪽

• 더해지는 수가 10씩 커지면 그 답도? 그래, 그 답도 10씩 커진다고 했었지?

• 더하기 문제들이 많이 있구나? 이전에 많이 연습해본 문제들도 있고 새로 보는 문제도 있을 거야. 쉬운 문제 먼저 풀어 보렴.

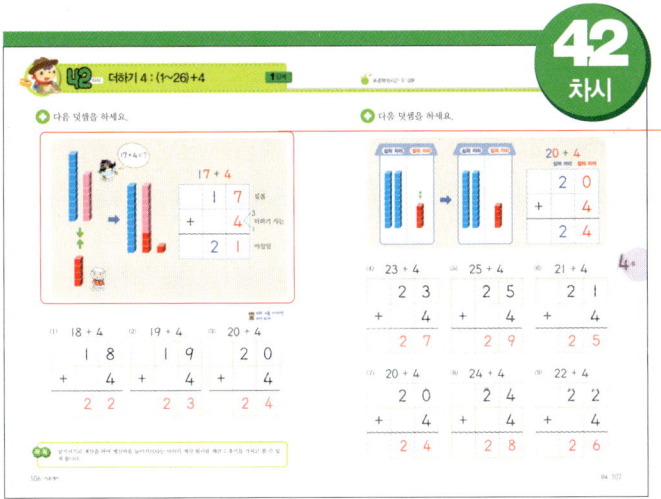

106~107쪽

- 세로셈으로 17 더하기 4를 해 볼까? 10개짜리 2묶음이 생기고 낱개 1개 남는구나. 그럼 답은 21이라고 쓰면 되겠지?

- 세로셈을 할 때는 자리를 잘 맞추어서 답을 쓰는 것 잊지 않았지?

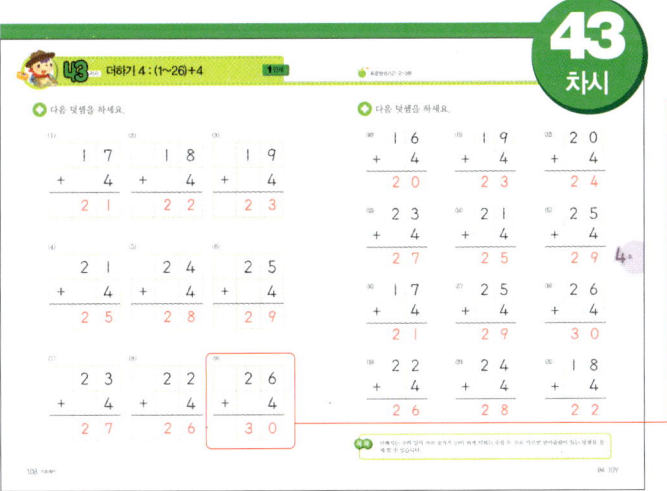

108~109쪽

26 더하기 4는 얼마일까? 일의 자리 숫자끼리 더하면 십(10)이 되지? 남아 있는 수와 더하면 답은 30이 되는구나?

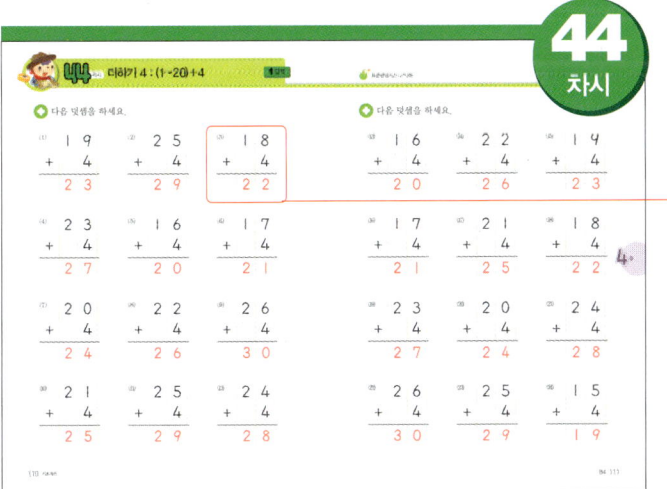

110~111쪽

- 18 더하기 4를 해 볼까? 4를 2와 2로 가르면 18을 20으로 만들어 줄 수 있겠지? 그리고 남은 2를 또 더하면 22가 되겠지.

- 꾸준히 연습하다 보니 식만 보고도 금방 답을 찾을 수 있게 되지?

112~113쪽

- 세로의 수에 4를 더해서 답을 써 보자. 더해지는 수가 1씩 커지면 답도 1씩 커지지.

- 이 문제도 앞에서 했던 것처럼 풀면 된단다. 바로 답이 안 나오면 빈칸에 작게 식을 써놓고 답을 써 보렴.

114~115쪽

- 이렇게 연습하니까 답을 쓰는 속도가 점점 빨라지는구나? 더해지는 수를 잘 보면서 문제를 풀어 보자.

- 이번에는 가로의 수에 4를 더하는 문제란다. 더해지는 수들이 1씩 작아지고 있구나? 답도 1씩 작아지겠지?

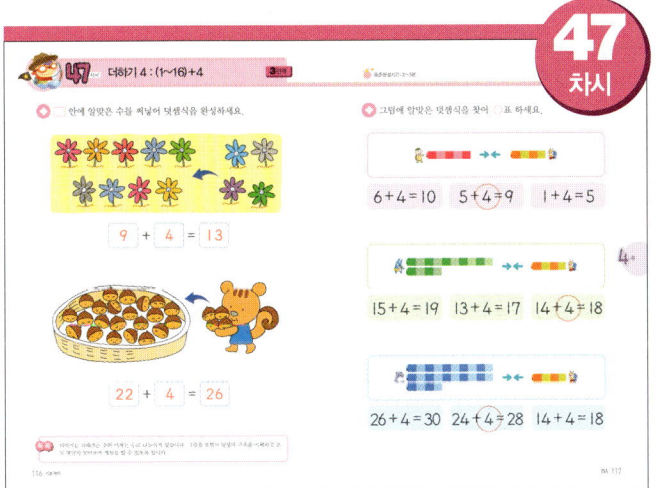

116~117쪽

- 그림을 보고 더해지는 수와 더하는 수를 알아본 다음에 모두 몇인지 세어 보면 답을 알 수 있겠지?

- 왼쪽의 블록이 더해지는 수가 되고, 오른쪽 블록이 더하는 수가 되지? 그럼 어떤 덧셈식을 만들 수 있는지 찾아볼까?

118~119쪽

➤ 18에 몇이 더 있어야 22가 될까? 왼쪽을 세어 보니 18마리이고 오른쪽을 세어 보니 4마리네? 모두 세어 보면 22마리니까 □ 안에는 4라고 쓰면 되겠구나.

체크 포인트

1. 학습이 끝난 후에 아이가 그날의 학습을 잘 이해했는지 확인해 봅니다. 부족한 부분은 반복 학습을 하도록 합니다.

2. 아이가 어려워하거나 틀렸던 문제들은 연습장에 옮겨 적어 다시 풀도록 합니다.

3. 덧셈을 좀 더 원활하게 하기 위해서 수 모으기와 수 가르기 연습을 충분히 하도록 합니다. 수 가르기와 수 모으기는 덧셈과 뺄셈의 기초가 되므로 충분히 연습하도록 합니다.

120~122쪽

충분한 계산 연습을 했으므로 구체물을 이용하거나, 다음 다음 다음 다음의 수를 찾지 않고 암산을 통해 답을 할 수 있도록 합니다. 아이가 어려워 할 경우 차근차근 풀게 하거나 다시 앞의 과정을 연습하도록 합니다.

종합 평가 B4

다음 계산을 하세요.

(1) 5 + 2 = **7** (2) 6 + 3 = **9** (17) 4 + 3 = **7** (18) 6 + 2 = **8**

(3) 15 + 3 = **18** (4) 12 − 1 = **11** (19) 18 − 3 = **15** (20) 10 − 1 = **9**

(5) 10 − 3 = **7** (6) 20 − 2 = **18** (21) 13 + 4 = **17** (22) 16 + 4 = **20**

(7) 3 + 4 = **7** (8) 5 + 4 = **9** (23) 21 + 4 = **25** (24) 23 + 4 = **27**

(9) 7 + 4 = **11** (10) 9 + 4 = **13** (25) 26 + 4 = **30** (26) 7 + 4 = **11**

(11) 18 + 4 = **22** (12) 17 + 4 = **21** (27) 18 + 4 = **22** (28) 22 + 4 = **26**

(13) 15 + 4 = **19** (14) 22 + 4 = **26** (29) 9 + 3 = **12** (30) 17 − 2 = **15**

(15) 24 + 4 = **28** (16) 26 + 4 = **30** (31) 8 + 4 = **12** (32) 4 + 4 = **8**

(33) 15 − 3 = **12** (34) 8 − 1 = **7**

종합 평가 B4

다음 계산을 하세요.

(01)
```
  2
+ 1
───
  3
```
(02)
```
  7
+ 3
───
 10
```
(03)
```
  9
+ 2
───
 11
```

(04)
```
 1 3
−
───
 1 0
```
(05)
```
 1 5
−   2
───
 1 3
```
(06)
```
 1 7
−   1
───
 1 6
```

(07)
```
 1 2
+   4
───
 1 6
```
(08)
```
  2
+   4
───
  6
```
(09)
```
 2 6
+   4
───
 3 0
```

(10)
```
  7
+   4
───
 1 1
```
(11)
```
 1 8
+   4
───
 2 2
```
(12)
```
 2 3
+   4
───
 2 7
```